U0894250

江苏省区域经济趋同效应分析

邓　晶　张晓恒　著

东南大学出版社
SOUTHEAST UNIVERSITY PRESS
·南京·

内 容 提 要

本书以江苏区域经济为研究对象，运用区域经济趋同的理论和测度方法，从区域经济数量趋同、质量趋同和生产要素趋同等视角深入剖析江苏区域经济趋同状况，以期为缩小区域经济差距、实现全体人民共同富裕提供江苏案例。

本书可供研究区域经济协调发展的学者参考与借鉴，也可为相关政策制定者提供参考资料。

图书在版编目（CIP）数据

江苏省区域经济趋同效应分析 / 邓晶，张晓恒著
. — 南京：东南大学出版社，2022.10
ISBN 978-7-5766-0257-9

Ⅰ. ①江… Ⅱ. ①邓… ②张… Ⅲ. ①县级经济—区域经济发展—研究—江苏 Ⅳ. ①F127.534

中国版本图书馆 CIP 数据核字（2022）第 186984 号

责任编辑：张绍来　责任校对：咸玉芳　封面设计：顾晓阳　责任印制：周荣虎

江苏省区域经济趋同效应分析

Jiangsusheng Quyu Jingji Qutong Xiaoying Fenxi

著　　者：邓　晶　张晓恒
出版发行：东南大学出版社
社　　址：南京四牌楼 2 号　邮编：210096　电话：025 - 83793330
网　　址：http://www.seupress.com
电子邮件：press@seupress.com
经　　销：全国各地新华书店
印　　刷：广东虎彩云印刷有限公司
开　　本：700mm×1 000mm　1/16
印　　张：11.5
字　　数：220 千字
版　　次：2022 年 10 月第 1 版
印　　次：2022 年 10 月第 1 次印刷
书　　号：ISBN 978 - 7 - 5766 - 0257-9
定　　价：39.00 元

本社图书若有印装质量问题，请直接与营销部调换。电话（传真）：025 - 83791830

前　言

改革开放以来我国经济发展取得了举世瞩目的巨大成就，从 1978—2020 年年平均增长率超过 9%。2020 年，面对新冠肺炎疫情带来的重大挑战，我国经济最终逆势实现正增长，GDP 总量首次突破 100 万亿元大关，达到 101.6 万亿元，人均 GDP 继续增长，按照美元计算，连续两年超过 1 万美元。但是，全国经济在飞速发展的同时，各省的经济发展状况出现了不协调现象，东部沿海地区经济发展明显优于其他地区，国家实施“西部大开发”“振兴东北”“中部地区崛起”等区域协调发展战略，试图缩小各地区的贫富差距，避免未来出现两极分化现象。在省级层面上，江苏省犹如全国的一个缩影，全省经济发展水平在全国一直名列前茅，2020 年 GDP 排名全国第二，达到 10.27 万亿元，约占全国的 10.11%，比第一名广东省低约 0.8 万亿元。但是，江苏省内存在发展不均衡的现象，南京、苏州、无锡等苏南地区的经济发展水平放眼全国也是可圈可点的，而宿迁、徐州等苏北地区望尘莫及[2020 年苏州、无锡、常州、镇江、南京等苏南五市创造了江苏省 56.8%的 GDP]。地区经济发展水平的趋同或发散具有重要的理论意义和现实意义，由此也催生了大量的关于收敛的学术研究。其中，索洛模型奠定了收敛研究的基础，该模型在假定偏好和技术外生给定的情况下，基于资本边际报酬递减规律，得出一个国家或地区人均收入的增长率将与其初始状态呈负相关的结论，即落后的国家或地区将比领先的国家或地区增长得更快，收入差距将逐渐缩小，最终趋向于收敛。那么，江苏省区域经济发展是如增长理论所预测的那样趋于收敛还是会出现“穷者恒穷，富者永富”的区域经济俱乐部呢？如果存在经济增长的俱乐部，那么，如何破解这种俱乐部陷阱，实现全体人民共同富裕是当前江苏省急需解决的一个问题。本书以江苏省各区域经济为研究对象，深入剖析江苏省区域经济发展是否存在俱乐部效应，以期为各地区产业结构的调整优化寻求理论依据，为缩小区域经济差距，实现全体人民共同富裕提供实证支撑与政策启示。

本书第一篇是区域经济趋同的经济学理论基础和测度方法，包括 3 个章节。

第 1 章介绍经济增长与经济趋同理论；第 2 章介绍区域经济趋同的马尔科夫链、σ 趋同、β 趋同、$\log t$ 趋同等检验方法；第 3 章介绍影响经济趋同的制度和政策。本书第二篇是江苏区域经济趋同的数量篇，本部分从人均 GDP，第一、二、三产业人均 GDP 和人均工业用电量三个方面分析江苏经济增长的现状，包括第 4 章、第 5 章和第 6 章三个章节。第 4 章是江苏省区域人均 GDP 趋同效应分析；第 5 章是江苏省三次产业人均产值趋同效应分析；第 6 章是江苏省区域全年人均工业用电量趋同效应分析。本书第三篇是江苏区域经济趋同的质量篇，高质量发展是新时代我国经济建设最鲜明的特征，本部分从城乡收入差距和建成区绿化覆盖率这两个方面分析江苏经济高质量发展的状况，包括第 7 章和第 8 章两个章节。第 7 章分析江苏区域城乡收入差距的趋同效应；第 8 章节分析江苏区域建成区绿化覆盖率的趋同效应。本书第四篇是江苏区域经济趋同的生产要素篇，生产要素是经济增长的动力和基础，本部分从土地、劳动、资本、技术等传统生产要素和数据这一新生产要素的视角分析江苏区域经济趋同特征，包括第 9 章、第 10 章、第 11 章和第 12 章四个章节。第 9 章分析江苏区域就业人口密度的趋同效应；第 10 章分析江苏区域规模以上工业企业人均资产的趋同效应；第 11 章分析江苏区域人均专利申请授权量的趋同效应；第 12 章分析江苏区域互联网普及率的趋同效应。

本书由邓晶和张晓恒共同完成，邓晶负责整体框架的设计以及第一篇、第二篇内容的撰写，张晓恒负责第三篇、第四篇内容的撰写，邓晶对全书进行了统稿和修改。在本书的编写中，难免出现纰漏，请读者批评指正，我们将逐步发现这些不足并及时予以订正。

本书的撰写过程中，尤其要感谢王泽、曹心雨、董鸿源、杨丹、杨霞、徐婉倩、刘倩等同学，他们在数据搜集和素材提取的过程中给予了大量帮助，在书稿校对过程中给予了支持。本书得以出版还要感谢江苏省社科基金后期资助项目（编号：17HQ024）、国家自然科学基金项目（编号：72003074）和中央高校基本科研业务费专项资金（编号：NR2021005）的资助。

邓　晶　张晓恒

2022 年 3 月

目 录

第二篇　江苏区域经济趋同:数量篇

第三篇 江苏区域经济趋同:质量篇

第四篇 江苏区域经济趋同:生产要素篇

第一篇

区域经济趋同的经济学理论基础与测度方法

该部分主要阐述区域经济趋同的理论基础、测算方法以及我国所实施的系列协调区域经济增长的法律法规和重大战略。索洛增长模型奠定了区域经济趋同的理论基础，该模型在假定偏好和技术外生给定的情况下，基于资本边际报酬递减规律，得出一个国家或地区人均收入的增长率将与其初始状态呈现负相关的结论，即落后的国家或地区的人均收入将比领先的国家或地区增长得更快，收入差距将逐渐缩小，最终趋向于收敛。区域经济趋同的测度方法主要包括马尔科夫链、σ 趋同、β 趋同、$\log t$ 趋同检验方法。近年来，我国实施了“西部大开发”“东北振兴”“中部地区崛起”等区域协调发展战略，试图减小各地区的贫富差距，避免未来的两极分化现象。

1 经济增长与经济趋同理论

经济趋同理论是以经济增长理论为基础发展而来的。在新古典增长模型中,一个国家的人均收入增长率往往与其初始人均收入水平成反比。特别是,如果各国在偏好和技术的结构参数方面相似,那么穷国人均收入往往比富国增长得更快。因此,存在一种推动各国人均收入水平趋同的力量。20 世纪 80 年代,以 Romer、Lucas 为代表的学者质疑了新古典增长理论,提出新经济增长理论,该理论指出穷国富国间的收入水平可能不会趋同。两种经济增长理论都对经济趋同研究的发展具有重要意义,因此本章将分别对上述两种理论进行简单阐述,同时对经济趋同的相关概念进行说明。

1.1 经济增长的相关理论

1.1.1 新古典增长理论

新古典增长理论最早由索洛(Solow)在其 1956 年的经典文章中提出,是对哈罗德-多马模型的修改与补充。他将储蓄率和人口增长率作为外生变量,证明了这两个变量决定人均收入的稳定水平。储蓄率和人口增长率因国家而异,不同的国家达到不同的稳定状态。索洛对这些变量如何影响稳定的收入水平给出了简单的预测,提出储蓄率与国家收入水平呈正相关,即储蓄率越高,国家就越富有;人口增长率与国家收入水平呈负相关,即人口增长率越高,国家就越贫穷。

新古典增长模型通过假设一个标准的新古典主义生产函数来开始对经济增长的研究,生产函数的建立有以下四个前提:一是假定社会只存在一个生产部门,只生产一种商品,且投资品与消费品之间可以转换;二是只使用资本和劳动两种要素进行生产,这两种要素可以相互替代;三是市场处于完全竞争状态,所有资源得到充分利用,不存在要素闲置;四是规模收益不变,要素的边际报酬递

减(即边际收益递减)。基于上述前提,假设 t 时刻生产函数的具体形式为:

$$Y(t)=K(t)^{\alpha}\left[A(t)L(t)\right]^{1-\alpha} \quad 0<\alpha<1 \tag{1.1}$$

式中,Y 表示产出,K 为资本,L 为劳动力,A 表示技术水平。

索洛不认同哈罗德-多马模型中提出的假设,即资本与产出的比例在长期内不发生变化。在新古典增长模型中,劳动和资本的边际生产率被当作变量,技术进步因素也被引入模型中。因而这两个变量不仅取决于资本存量和劳动力的增长速度,还取决于技术革新速度。假设 L 和 A 分别按照速率 n 和 g 外生增长:

$$L(t)=L(0)\,e^{nt} \tag{1.2}$$

$$A(t)=A(0)\,e^{gt} \tag{1.3}$$

有效劳动力数量 $A(t)L(t)$ 增长速率为 $n+g$。

假设产出中用于投资的份额固定为 s,定义 k 为每单位有效劳动力的资本存量,$k=K/AL$,定义 y 为每单位有效劳动力生产的产量,$y=Y/AL$,资本折旧率固定为 δ,则每单位有效劳动力的资本存量的演化方程可表示为:

$$\dot{k}(t)=sy(t)-(n+g+\delta)k(t)=sf(k)-(n+g+\delta)k \tag{1.4}$$

式(1.4)便是新古典增长模型的基本公式,也是经济实现增长的条件式,该式表明:要使人均资本存量有所增加,人均实际投资 $sf(k)$ 必须大于维持现有人均资本存量所需要的资本量 $(n+g+\delta)k$,即资本存量的增加需要快于劳动力的增加。根据分析,可将该模型绘制成图 1.1 所示曲线。

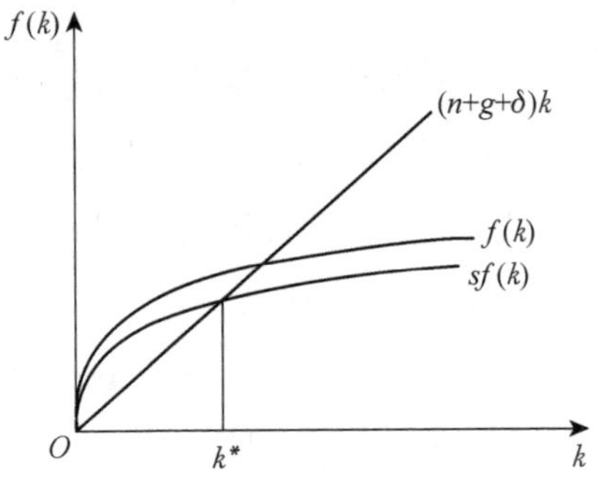

图 1.1　新古典增长模型

图 1.1 中,$f(k)$ 为人均产出曲线,$sf(k)$ 为人均实际投资曲线,$(n+g+\delta)k$ 表示人口增长、技术革新和折旧所需要的人均资本量。

式(1.4)可移项调整为:

$$sf(k)=\dot{k}(t)+(n+g+\delta)k \tag{1.5}$$

式(1.5)表明新古典增长模型的另一层含义：在两部门经济中，投资与储蓄相等，社会中的人均实际投资即社会中的人均储蓄量 $sf(k)$。储蓄有两个用途：一是增加每单位有效劳动力的资本存量 $\dot{k}(t)$，也就是提高人均资本拥有量，实现资本的深化；另一用途是维持现有人均资本存量，为每一新增人口提供平均数量的资本装备，即实现资本的广化。

如图 1.1 所示，如果 $k<k^*$，经济运行处于k^* 左侧，储蓄水平可以同时满足资本广化与资本深化，从而导致每单位有效劳动的资本存量k 增加。k 将持续增加至k^*，这时全部的储蓄都被用于实现资本广化，并未进行资本深化，经济达到均衡。反之，当 $k>k^*$ 时，经济运行处于k^* 右侧，储蓄水平尚且无法满足资本广化，自然就无法进一步实现资本的深化，因此每单位有效劳动的资本存量 k 会持续下降直至k^*，经济也达到了均衡。图 1.1 中还可以看出随着 k 的变动$sf(k)$与$(n+g+\delta)k$ 有无数个交点，这表明对于任意的初始人均资本存量，都存在一个k^* 值，使经济达到稳定均衡状态。这也证明了新古典增长理论的观点：在资本和劳动可以完全替代的假设下，经济可以实现长期稳定增长。

上述结论也可以通过函数推导得出。定义 v_k 为人均资本增长率，$v_k=\dfrac{\dot{k}}{k}$。当$k=k^*$ 时，$sf(k)=(n+g+\delta)k$，$v_k=0$，即人均资本变动量为0。当$k<k^*$ 时，$sf(k)>(n+g+\delta)k$，$\dot{k}>0$，$v_k>0$，并且v_k 随着k 的增大而减小。即 k 收敛于一个稳态值k^*。这一稳态值与储蓄率正相关，与人口增长率负相关。定义v_y 为人均产出增长率，$v_y=\dfrac{\dot{y}}{y}=v_k\dfrac{f(k)'k}{f(k)}$，可知$v_y$ 随着k 的增大而减小，即人均产出增长率随着人均资本的不断积累而逐渐降低。也就是说，随着资本存量的增长，经济增长速度将逐渐放缓，因此，穷国将比富国拥有更快的经济增长速度。从长期来看，地区间收入水平差异将逐步消失，经济增长趋同的推论由此得出。

新古典增长理论认为，在资本边际报酬递减的前提下，当资本存量增加时，经济增长速度会逐渐放缓直至增速为零。随着市场经济体制的不断完善，生产资料在区域间自由流动，在边际收益递减规律的作用下，要素将逐渐向边际报酬更高的地区转移，从而实现各地区要素收益的均衡化。发达地区拥有更高的资本数量，由于资本的边际报酬递减，不发达地区将比发达地区具有更快的增长速度。从长期来看，区域间的经济发展差距可以实现自我修复，地区收入差距愈来愈小直至消失，经济增长将逐渐趋同。这就是新古典增长理论的趋同机制。

1.1.2 新经济增长理论

新古典增长理论在获得学界肯定的同时，其中提出的穷国的经济增长速度往往比富国更快这一假设，也引起了部分经济学家的质疑。跨国数据的实证结果似乎与这一假设不一致，实证证据表明人均收入增长率与人均收入的起始水平几乎没有相关性。Barro 通过分析 98 个国家人均收入增长率与人均收入初始状态两者之间的关系发现其相关性仅仅为 0.09，并不符合新古典增长模型的预测结果。另外，虽然新古典增长模型正确地预测了储蓄和人口增长的影响方向，但它不能准确地预测其规模。该模型将技术进步视为外生变量，忽略了人力资本的影响，导致储蓄和人口增长对收入的估计影响太大。经济学家长期以来一直强调人力资本对于经济增长过程的重要性，忽视人力资本会导致错误的结论。据 Kendrick 估计，1969 年美国总资本存量的一半以上是人力资本。

因此，以 Romer 为代表的经济学家将人力资本的积累引入索洛模型。他们认为将技术进步作为经济增长的外生变量是不合理的，进而提出内生经济增长理论，即新经济增长理论，人力资本在新经济增长模型中被视为内生变量。Romer 认为，人力资本是研究部门的关键投入，由研究部门产生支撑技术进步的新产品或新想法。因此，初期人力资本存量较大的国家引进新商品的速度较快，往往经济增长也较快。在技术变革的多国模式中，新思想在各国(或公司、行业)之间的传播也很重要。Nelson 和 Phelps 在研究中指出，一个国家拥有越多的人力资本，就越容易吸收在其他地方发现的新产品或新创意。因此，一个拥有更多人力资本的跟随者国家往往发展得更快，因为它能更快地赶上技术领先者。

Lucas 进一步将人力资本区分为一般化人力资本和专业化人力资本，前者主要来源于正规的学习与教育，后者则经由“干中学”产生。通过引入专业化人力资本这一概念，他指出：富国具有更高的初始人力资本水平，因而在高技术含量商品方面具有比较优势，并在专业化生产过程中不断积累经验，进一步提高人力资本水平，巩固优势地位，由此维持较高的经济增长率。反之，穷国初始人力资本水平就处于劣势，专业化生产的商品技术含量较低，难以通过“干中学”促进人力资本更快地积累，因而会保持较低的经济增长率。

Becker 等认为人力资本的回报率会在一定范围内增加，这可能是因为 Lucas 强调的人力资本溢出效应，即人力资本本身可以带来周边人力资本水平的提高。例如，如果企业中其他人也具有更强的某种能力，比如沟通能力，那么这种能力的回报率就会更高。在这种情况下，人均人力资本数量的增加往往会导致更高的人力和物质资本投资率，从而导致更高的人均收入增长率。另外，人均人力资本的增加会降低生育率，因为将人力资本投入商品生产，比生育更多的孩子更具生产力。这些都体现了人力资本积累在经济增长中起决定性作用。

内生经济增长理论不认同新古典增长理论中要素边际收益递减的假设，认为知识积累要素具有边际收益递增的特点，为经济增长理论开辟了新的发展方向。内生经济增长理论不像新古典增长理论那样有一个基本公式和模型框架，该理论是由众多观点相似的模型组成的松散集合。这里选择其中较为简单的 AK 模型对要素边际收益递增进行简单阐述。

AK 模型假设生产函数的形式为：

$$Y = AK \tag{1.6}$$

式中，A 是一个表示生产能力的常数，K 表示资本存量，包括物质资本和人力资本，假设这两种资本可以完全替代。

在生产函数中排除资本折旧的影响，假设储蓄率固定为 s，可以得到人均资本积累方程式为：

$$\dot{k} = sy - nk \tag{1.7}$$

则人均资本增长率为：

$$\frac{\dot{k}}{k} = sA - n \tag{1.8}$$

式中，s 表示储蓄率，y 表示人均收入，n 表示人口增长率，k 表示人均资本。

式(1.8)表明，在 $sA > n$ 的情况下，人均资本增长率为正，由于 s、A 和 n 都是不取决于 k 的独立参数，因此 $\frac{\dot{k}}{k}$ 的数值也不取决于 k，即 k 以稳定的增长率保持增长。同时由式(1.8) 可以看出，人均资本的增长率取决于储蓄率和人口增长率。由 $y = Ak$ 可进一步得知，人均收入的增长率同样依赖于这两者。也就是说,不同国家的收入水平取决于各自的储蓄率、人口增长率和人力资本水平,不存在一种力量能够导致所有经济体的经济均衡增长。

新经济增长理论不认同新古典增长理论的趋同推论,认为经济体内部或不同经济体之间不存在经济趋同现象,并很好地解释了经济体之间经济悬殊不断扩大的现象。一方面,即使在经济发展过程中存在资本的边际报酬递减的情况,知识积累的边际收益递增也同时发生,两者在一定程度上互相抵消。边际收益递减规律作用下的要素转移难以实现,不会对经济造成显著影响。另一方面,知识积累会推动经济增长,经济增长反过来又会促进知识积累,两者相互作用,不断前进。经济发达地区的人力资本积累程度远高于不发达地区,教育资源、科技投入、人口素质皆强于贫穷地区,在这些因素的作用下,富裕地区具有更快的经济发展速度,地区间经济水平差距不断扩大,出现经济增长的趋异。

1.1.3 两种增长理论的比较及评述

新古典增长理论和新经济增长理论的主要区别在于以下两点：第一,前者将技术进步作为外生性的变量进行描述,而后者将技术进步内生化,因此也被称为内生经济增长理论。第二,新古典增长理论假设资本受到边际收益递减的约束,内生经济增长理论则认为资本边际收益不变或递增的现象是可能存在的。因此上述两种理论对于长期资本增长率和生产率的变动持完全相反的观点。新古典增长理论认为经济体将会最终实现趋同,经济增长率的差异只是暂时存在。根据资本边际收益递减的假设,经济落后地区的初始资本存量较小,意味着该地区的边际产出较大,且边际产出将随着资本存量的增加逐渐减小。也就是说,虽然不发达地区在经济发展初期落后于发达地区,但其增长速度较发达地区更快,因而长期内各地区经济发展会向相同的稳态水平收敛。内生经济增长理论认为,由于知识积累、知识溢出等因素的存在,要素边际报酬递减的假设难以成立,发达地区甚至可能存在资本边际收益递增的现象。因此经济存在持续增长的可能,在这种情况下,地区间经济发展差距会不断扩大。

尽管新古典增长理论和新经济增长理论之间存在很大差异,但两者并不互相排斥。它们都以解释经济增长为最终目的,只是选取的侧重点有所不同。事实上,新经济增长理论的分析以新古典增长理论为基础,后者是对前者的进一步修改与完善。例如 Mankiw 等人的研究中肯定了索洛模型对储蓄和人口增长要素的分析，索洛预测的储蓄率及人口增长率对收入影响的方向符合实际数据提供的证据。另外，国家间的人均收入水平差异有一半以上可以单独用这两个变量进行解释。同时，该研究也指出，索洛模型并非全然正确，例如它虽然正确预测了储蓄和人口增长对收入的影响方向，却无法准确预测其影响规模。因此，Mankiw 等人在索洛模型的生产函数中加入人力资本积累要素，构建了新经济增长模型进行分析，验证了在对外生变量进行了有效控制时，新古典增长模型对经济收敛问题仍然具有较强的解释力。

新经济增长理论把知识与技术内生化，创新性地提出要素边际收益递增的假设，较好地解释了现实的经济增长情况和穷富国之间的经济发展悬殊的现象，在研究方法方面也有诸多创新与提高，对新古典增长理论存在的缺陷进行了部分修正。但是新经济增长理论也存在许多不足之处，例如完全竞争市场的假设不符合经济社会的现实情况，限制了模型的实用性；在研究知识溢出效应时忽略了空间因素，很难对经济活动在空间上的特点进行解释；新经济增长模型并未将制度因素的影响纳入考量；以及部分模型的方程组无法普及应用，设计过于复杂；等等。可见，经济增长理论尚处于不断发展的过程之中。

改革开放以来，中国经济的增长离不开实物投资的增长、劳动力投入的增长、技术水平的提高和教育投入的增长等要素。而资本、劳动、技术等各种要素的积累正是新古典增长理论中认可的经济增长的主要诱因，因此要想清楚地解释中国经济增长的原因，离不开作为理论基础的新古典增长理论。新经济增长理论试图在前者的基础上进一步解释技术进步的内生机制，因此要想清楚地解释中国各地区间经济差异产生的原因，离不开对新经济增长理论的掌握与探究。因此，虽然两种理论对于长期内经济发展是否呈现趋同状态这一问题有不同的结论，但毫无疑问都对经济增长和经济趋同研究具有重大意义和贡献。

1.2　经济趋同的相关理论

1.2.1　经济趋同的基本概念

前文分别介绍了新古典增长理论和新经济增长理论，关于经济发展将趋同还是趋异的推论是两者的主要区别之一，趋同概念逐渐成为经济增长理论中的核心概念。新古典增长理论认为，由于资本要素存在边际报酬递减的规律，经济发展在长期会收敛于它的稳态，各地区的经济增长在长期呈现趋同的特点。具体而言，由于经济发达地区资本投入水平较高，距离经济稳态更近，因此边际报酬递减的规律会先作用于经济发达地区，导致其经济发展速度逐渐降低；相反，经济欠发达地区会较晚受到边际报酬递减规律的影响，从而保持较快的经济增长速度。因此，从长期来看，这两类地区的经济差距会逐渐缩小。也就是说，在封闭的经济条件下，一个经济体的经济增长速度与其初期人均收入水平之间存在负相关关系，这被称为经济增长的趋同。新经济增长理论提出了与之相对的概念——经济增长的趋异。

经济趋同的概念可以细分为以下 4 类：

1）σ 趋同

σ 趋同是指随着时间的推移，不同地区间的人均收入差距会逐渐缩小，所有地区的人均收入水平将收敛于同一稳态值。σ 趋同描述的是人均收入绝对量的趋同，利用各地区人均收入或人均 GDP（国内生产总值）数值的标准差进行衡量，考察人均收入在不同时间截面上的变化情况。具体检验方程如式(1.9)：

$$\sigma_t^2=\frac{1}{n}\sum_{i=1}^{n}\left(\ln\ y_{it}-\frac{1}{n}\sum_{i=1}^{n}\ln\ y_{it}\right)^2 \tag{1.9}$$

式中，y_{it} 表示第 i 个经济体在 t 时间的人均 GDP 数值。如果在 T 年满足 $\sigma_T<\sigma_t$，说明经济体在 T 时段内存在 σ 趋同；反之，如果 σ 值随着时间推移变大，那么这些经济体在 T 时段内不存在 σ 趋同。

2）绝对 β 趋同

β 趋同用来检验地区人均收入的增长速度是否与其初始水平呈负相关，从而实现贫穷地区对富裕地区的追赶。在此基础上，绝对 β 趋同包含严格的假设条件，被考察的各地区应该具有完全相同的基本经济特征，即各区域具有相同的人口增长率、资本折旧率、技术水平等，同时满足完全相同的生产函数，从而具有同样的增长路径，最终达到相同的稳态水平。绝对 β 趋同的检验方程如式(1.10)：

$$\frac{1}{T}\ln\left(\frac{y_{iT}}{y_{it}}\right)=\alpha+\beta\ln\ y_{it}+\mu_{it} \tag{1.10}$$

式中，y_{it} 表示第 i 个经济体在 t 时间的人均 GDP 数值，μ_{it} 是随机干扰项。则 $\frac{1}{T}\ln\left(\frac{y_{iT}}{y_{it}}\right)$ 表示 T 时段人均 GDP 的年平均增长率。当 $\beta<0$ 时，被考察的各经济体之间存在绝对 β 趋同，且 β 的绝对值越大，表示趋同性越强；反之，当 $\beta>0$ 时，经济体之间不存在绝对 β 趋同。

3）条件 β 趋同

绝对 β 趋同中的严格假设，即所有经济体具有相同的经济结构，这一假设与现实情况不符。因此条件 β 趋同放弃了上述假设条件，允许各地区在人力资本、技术水平、人口增长率等方面存在差异，这意味着经济结构特征差异很大的经济体将各自收敛到不同的稳态。条件 β 趋同研究的是，如果对上述外生因素加以控制，假定这些变量保持不变，如果此时人均收入增长率与初始人均收入水平之间仍然存在负相关关系，则认为区域间呈现条件 β 趋同。具体检验方程如式(1.11)：

$$\frac{1}{T}\ln\left(\frac{y_{iT}}{y_{it}}\right)=\alpha+\beta\ln y_{it}+\lambda X_{it}+\mu_{it} \tag{1.11}$$

式中，X_{it} 为新加入的各种控制变量，其他变量与式(1.10)相同。同样的，当 $\beta<0$ 时，各经济体之间存在条件 β 趋同；当 $\beta>0$ 时，各经济体之间不存在条件 β 趋同。

4）俱乐部趋同

上文提到不同地区具有不同的基本经济特征，因而会收敛到不同的稳态，但现实中也可能存在技术、制度、文化等属性相对类似的区域。这些初始经济水平和基本经济条件差异较小的地区组成的集合，称为俱乐部。俱乐部中的成员具有相似的经济稳态，各成员均向俱乐部的稳态趋同，而不同的俱乐部之间却不存在趋同的迹象，这种现象被称为俱乐部趋同。俱乐部趋同的经典检验方程如式(1.12)：

$$\gamma_{iT}=\alpha_1-\alpha_2\ln y_{it}+\varepsilon_{it} \tag{1.12}$$

式中，y_{it} 为经济体 i 在基期第 t 年的人均 GDP 水平，γ_{iT} 表示该经济体在末期的人均 GDP 增长率，ε_{it} 为随机干扰项。当 $\alpha_2>0$ 时，这些地区间存在俱乐部趋同。

1.2.2 趋同概念的比较及评述

σ 趋同、绝对 β 趋同、条件 β 趋同和俱乐部趋同这四种趋同概念之间既有区别又有联系，主要可分为以下三组进行比较论述：

1）σ 趋同与 β 趋同

β 趋同描述的是落后地区比发达地区的经济增长速度更快，是经济增长率的趋同，σ 趋同描述的是地区间的相对人均收入水平差异随着时间的推移而缩小，意味着收入水平绝对量的趋同，两者关注的侧重点不同。同时，Lichtenberg 证明了 β 趋同是 σ 趋同的必要但不充分条件。若不满足 β 趋同，则经济发达地区具有更快的经济增长速度，地区间的收入差距将愈来愈大，无法实现 σ 趋同，因此 β 趋同是 σ 趋同的必要条件。反之，即使满足 β 趋同，地区间收入差距减小的过程也会受到其他随机要素的冲击，因此 β 趋同并不是 σ 趋同的充分条件。

2）绝对 β 趋同与条件 β 趋同

绝对 β 趋同假设所有经济体具有相同的经济结构，条件 β 趋同放弃了上述假设条件，允许各地区在人力资本、技术水平、人口增长率等方面存在差异。绝对 β 趋同意味着地区间收入水平有均衡化的趋势，因为在假设所有地区均具有完全相同的经济结构的前提下，由于存在资本边际报酬递减的规律，人均收入的增长速度与其初始水平呈负相关，从而实现贫穷地区对富裕地区的追赶，最终实现所有地区都具有相同的增长率，收敛于同一稳态。条件 β 趋同则意味着各地区间稳态存在差异的可能性，经济结构特征差异很大的经济体将各自收敛到不同的稳态。条件 β 趋同不需要像绝对 β 趋同那样存在一个统一稳态，各地区仅仅是收敛于自身的稳态，不同地区形成的稳态水平各不相同，因此地区发展不均衡的现象难以消除。从政策干预层面来看，绝对 β 趋同表示政府不用进行过多的政策干预，各地区能够自发地收敛至统一稳态，实现经济均衡；条件 β 趋同则意味着政府可以对某些变量加以控制，从而对各地区的趋同进程加以引导。

3）条件 β 趋同与俱乐部趋同

这两种趋同概念中，都不需要所有地区收敛于统一稳态。区别在于俱乐部趋同中虽然也存在多个稳态水平，但同一俱乐部中的成员，即初始条件和经济结构特征比较类似的地区，将收敛于同一稳态。条件 β 趋同中虽然存在多个均衡点，但每个经济体都收敛于自身的唯一均衡水平。俱乐部趋同则是以多重均衡可能性为基础，与条件β趋同中均衡水平唯一性的假设恰好相反。俱乐部趋同的概念意味着较穷的经济集团和较富的经济集团各自内部存在着条件趋同，而两个集团之间不存在趋同迹象。绝对β趋同严格假设所有经济体具有完全相同的经济结构与特征，条件β趋同允许经济体各方面特征存在一定差异，俱乐部趋同则强调集合内部的相似性与不同俱乐部之间的差异性。因此可以说，俱乐部趋同是一个介于绝对β趋同与条件β趋同之间的中间概念。

2 区域经济趋同测度方法

2.1 区域经济趋同的分类

学者 Barro 和 Sala 从不同计量角度对经济趋同做出分类，将其分为 σ 趋同和 β 趋同两大类。σ 趋同是指区域之间的相对人均收入水平差异随时间的推移而减小，σ 趋同是针对产出存量而言的；β 趋同是指初期经济水平较低的区域在人均产出、人均资本等方面的增长率比初期经济水平较高的区域更高，也就是说，区域的人均产出增长速度与区域的初始水平呈负相关，β 趋同是针对产出增量而言的。后来，在前两位学者研究的基础上，又有学者拓展了 β 趋同的相关内容，将 β 趋同进一步划分为绝对 β 趋同和条件 β 趋同。

在技术、文化、制度和偏好等方面相似的不同经济区域会有同样的经济稳态，尽管各经济区域的初始稳态状况不同，但远离稳态的区域将比接近稳态的区域拥有更高的经济增长率，从而最终所有的经济区域趋于同一稳态水平，这种情况即为绝对 β 趋同。而在现实生活中，更多的情况是不同经济区域在技术、文化、制度和偏好等方面是存在差异的，因而不同区域的经济稳态各不相同，因此就不可能达到上述的趋于同一稳态的结果。但学者们在控制了代表差异因素的特征变量后，发现区域经济发展仍然存在趋同特性，故而将这种在一定条件下的趋同称为条件 β 趋同。

受到绝对 β 趋同和条件 β 趋同前提假设的启发，后又有学者提出俱乐部趋同，即将不同区域按照相似的技术、文化、制度和偏好等特征划分为若干个俱乐部。同一个俱乐部内部区域由于拥有相似的特征从而具有相同的稳态，不同俱乐部之间的区域由于特征各异从而有着不同的稳态。

上述三类测度方法是基于不同的计量角度和前提条件发展而来的，由于区域经济演变过程中的状态转移具有无后效性特征，而马尔科夫链作为一种研究无后效性条件下时间和状态均为离散的随机转移问题的方法，正好与区域经济的发展特点相吻合。

综上所述，针对区域经济趋同的测度方法主要有以下四种：σ 趋同、绝对 β 趋同、条件 β 趋同、俱乐部趋同。

2.2 σ 趋同检验

2.2.1 σ 趋同检验模型

σ 趋同一般可采用人均 GDP 的对数标准差 σ_t 或者变异系数 CV_t 来检验。

人均 GDP 对数标准差检验模型为：

$$\sigma_t^2 = \frac{1}{n}\sum_{i=1}^{n}\left[\ln y_{it} - \frac{1}{n}\sum_{i=1}^{n}\ln y_{it}\right]^2 \tag{2.1}$$

式中，σ_t 表示某区域在 t 时期的人均收入对数标准差，n 表示地区的数量，y_{it} 代表 i 地区在 t 时期的人均收入，$i=1, 2, 3, \cdots, n$。若 $\sigma_t < \sigma_{t-1}$，则表明该区域内各地区之间存在 σ 趋同趋势。

变异系数检验模型为：

$$\begin{aligned} CV_t &= \frac{\sigma_t}{\bar{y}} \\ \bar{y} &= \frac{1}{n}\sum_{i=1}^{n}\ln y_{it} \end{aligned} \tag{2.2}$$

式中，CV_t 表示变异系数，σ_t 表示某区域在 t 时期的人均收入对数标准差，n 表示该区域内地区的数量，y_{it} 表示 i 地区在 t 时期的人均收入，$i=1, 2, 3, \cdots, n$。若 $CV_t < CV_{t-1}$，则表明该区域内各地区之间存在 σ 趋同现象。

2.2.2 σ 趋同检验相关研究

有研究运用各种模型检验了我国丝绸之路经济带九个沿线地区——四川、陕西、重庆、广西、甘肃、青海、云南、新疆、宁夏——经济增长的趋同效应。其运用 σ 趋同检验后发现，上述九个省（自治区、直辖市）人均 GDP 对数标准差呈现逐年增大趋势，经济发展呈现出趋异性。研究者认为，导致这种结果的原因是上述九个省（自治区、直辖市）的特征并不满足新古典增长理论的前提假定，而更符合内生经济增长理论。相较于经济落后地区，经济发达区域具备的优势降低了资本边际报酬递减的效果，从而扩大了地区间的经济水平的差异。也有学者收集了我国 28 个省（自治区、直辖市）25 年的经济发展数据，运用 σ 趋同检验模型分析各省（自治区、直辖市）经济收敛情况。结果表明，改革开放以来我国省区经济发展水平呈现明显的波动性，20 世纪 90 年代前，各省（自治区、直辖市）经济发展差距逐渐缩小，呈现 σ 收敛趋势，而在 90 年代以后各省（自治区、直辖市）经济发展又开始呈现 σ 趋异现象。潘文卿研究了我国 1978—2007 年间 31 省（自治区、直辖市）的经济收敛情况，以人均 GDP 作为主要指标测算 σ 收敛指数。研究结果表明，20 世纪 80 年代以前，31 个省（自治区、直辖市）σ 指数呈现收敛趋势，但在 90 年代又表现出显著的趋异，21 世纪后又趋于收敛。分别计算东部、中部和西部三大区域各自的 σ 收敛指数，发现东部省域 σ 收敛指数呈现减小趋势，中部省域也在减小，但减小程度比东部地区要缓慢，西部省域 σ 收敛指数则没有显现出减小趋势。也存在利用我国 1990—1999 年 216 个地级及以上城市的相关数据进行的研究，运用 σ 趋同检验的变异系数法和 β 趋同检验分析了经济趋同效应，研究者发现，20 世纪 90 年代，上述研究对象城市的人均 GDP 变异系数呈现显著的下降趋势，各城市经济发展存在 σ 趋同现象。林毅夫运用 σ 趋同检验模型分析了我国 1970—1997 年间 28 个省（自治区、直辖市）的人均 GDP 和人均消费等经济数据，研究发现自 1978 年起，我国人均 GDP 呈现先收敛后发散的形态。分区域验证区域经济发展的结果表明，东、中和西部的经济增长收敛程度呈现明显差异，东部沿海地区经济发展呈现明显的收敛趋势，中部较弱，西部地区与东、中部地区经济水平的差距不断扩大。

2.3 β 趋同检验

2.3.1 绝对 β 趋同检验模型

绝对 β 趋同的前提条件是要求各地区在技术、文化、制度和偏好等方面相似，根据 Barro 和 Sala 的分析，绝对 β 趋同的检验模型为：

$$\gamma_{iT}=\frac{\ln\left(\frac{y_{iT}}{y_{it}}\right)}{T} \tag{2.3}$$

$$\gamma_{iT}=a+b\ln y_{it}+\varepsilon_{it}$$

式中，γ_{itT} 表示 i 区域从 t 到 T 时间内人均国内生产总值的年平均增长率，y_{it} 表示 i 区域在 t 时的人均国内生产总值，y_{iT} 表示 i 区域在 T 时的人均国内生产总值。a 和 b 为待估计参数，a 为常数项，b 为收敛速率，ε_{it} 为误差项。若 $b<0$，则表明地区之间存在绝对 β 趋同现象。

以上是基于传统假设前提的经典绝对 β 趋同检验模型，由于某个地区的经济增长会受到其他地区的影响，因此地区经济增长会存在空间自相关效应，使得区域经济趋同效应的估计结果存在偏差。

为研究不同地区之间是否存在空间依赖作用，学者们将空间滞后变量引入经典绝对 β 趋同检验模型，得到的空间滞后绝对 β 趋同检验模型为：

$$\begin{gathered}\gamma_{itT}=\frac{\ln\left(\frac{y_{iT}}{y_{it}}\right)}{T}\\ \gamma_{itT}=a+b\ln y_{it}+\rho\boldsymbol{W}\gamma_{itT}+\varepsilon_{itT}\end{gathered}\tag{2.4}$$

式中，γ_{itT} 为空间滞后变量，$\boldsymbol{W}$ 为空间权重矩阵，ρ 为空间回归系数，其他变量的含义与经典绝对 β 趋同检验模型对应变量的含义相同。

考虑经典绝对 β 趋同检验模型的随机误差项中存在空间自相关性，学者们将空间误差变量引入经典绝对 β 趋同检验模型，得到的空间误差绝对 β 趋同检验模型为：

$$\begin{aligned}\gamma_{itT}&=\frac{\ln\left(\frac{y_{iT}}{y_{it}}\right)}{T}\\ \gamma_{itT}&=a+b\ln y_{it}+\mu_{itT}\\ \mu_{itT}&=\lambda\boldsymbol{W}\mu_{it}+\varepsilon_{itT}\end{aligned}\tag{2.5}$$

式中，μ_{itT} 是随空间变化产生的随机误差，λ 为空间相关误差系数，$\boldsymbol{W}$ 表示空间权重矩阵。

2.3.2　条件 β 趋同检验模型

条件 β 趋同放松了各地区在技术、文化、制度和偏好等方面相似的前提假定，条件 β 趋同的检验模型为：

$$\gamma_{itT}=\frac{\ln\left(\frac{y_{iT}}{y_{it}}\right)}{T}\qquad(2.6)$$
$$\gamma_{itT}=a+b\ln y_{it}+\Psi X_{it}+\varepsilon_{itT}$$

式中，X_{it} 表示使地区 i 经济趋于稳定的一组控制变量，Ψ 为控制变量的系数，其他变量的含义与绝对 β 趋同检验模型对应变量的含义相同。在保持 X_{it} 不变的情况下，若 $b<0$，则表明地区之间存在条件 β 趋同现象。

与绝对 β 趋同检验模型相同，以上是基于传统假设前提的经典条件 β 趋同检验模型，各地区经济增长的空间自相关效应同样会使得区域经济趋同效应的估计结果存在偏差。

同理，将空间滞后变量引入经典条件 β 趋同检验模型，得到的空间滞后条件 β 趋同检验模型为：

$$\gamma_{itT}=\frac{\ln\left(\frac{y_{iT}}{y_{it}}\right)}{T}\qquad(2.7)$$
$$\gamma_{itT}=a+b\ln y_{it}+\rho\boldsymbol{W}\gamma_{itT}+\Psi X_{it}+\varepsilon_{itT}$$

同理，将空间误差变量引入经典条件 β 趋同检验模型，得到的空间误差条件 β 趋同检验模型为：

$$\gamma_{itT}=\frac{\ln\left(\frac{y_{iT}}{y_{it}}\right)}{T}$$
$$\gamma_{itT}=a+b\ln y_{it}+\Psi X_{it}+\mu_{itT}\qquad(2.8)$$
$$\mu_{itT}=\lambda\boldsymbol{W}\mu_{it}+\varepsilon_{itT}$$

2.3.3 β 趋同检验相关研究

有研究选取 2008—2016 年欧盟 28 国的宏观经济数据，检验了金融危机和欧债危机后欧盟国家经济增长的变化。以经典条件 β 趋同检验模型为基础进行回归后发现，金融危机和欧债危机后，欧盟成员国的经济增长存在显著的趋异性，说明受到危机的冲击后，各国经济恢复情况存在较大差异。一些学者运用传统绝对 β 趋同检验模型和传统条件 β 趋同检验模型分析检验了 2004—2012 年我国省域和地级以上城市经济发展相关数据，研究经济增长趋同效应。绝对 β 趋同检验结果表明，经济增长和经济水平之间呈现显著正相关关系。若各地区初始经济条件相同，那么富裕地区的经济发展将快于贫穷地区的经济发展，从而导致贫富地区经济发展水平差距越来越大。但条件 β 趋同检验结果却表明，省域和地级市以上的经济增长存在条件趋同趋势，在控制一系列因素以后发现，贫穷地区的经济增长要快于富裕地区的经济增长，最终各自趋于自身的经济稳态。有学者选取我国山东省 17 个地级市 19 年间的相关数据，采用空间滞后绝对 β 趋同检验模型和空间滞后条件 β 趋同检验模型，研究山东经济增长的趋同效应。研究结果显示，各地级市经济增长呈现绝对 β 趋同现象，且经济增长率和城市初始经济水平存在显著的负相关关系，而条件 β 趋同检验结果则进一步佐证了经济趋同现象，城市本身的产业结构水平、固定资产投资率等特性对经济增长具有显著的正向推动作用。有学者通过在 β 趋同检验模型中加入衡量交通便利性的变量，研究交通便利程度对地区经济发展的影响。研究发现，铁路发展对沿线城市经济发展的影响存在 β 趋同现象，对东、中、西部和东北四大区域经济发展的趋同影响则存在差异。铁路交通的发展能促进东部和东北部地区沿线城市经济增长的 β 趋同效应，但阻碍了西部地区沿线城市经济增长的 β 趋同效应，对非沿线城市经济增长的 β 趋同的影响效果则表现得不明显。也有研究运用传统绝对 β 趋同检验模型、条件 β 趋同检验模型、空间滞后 β 趋同检验模型等对我国长三角、珠三角以及环渤海三大区域 1990—2006 年间经济增长的收敛性进行了实证分析，研究发现，上述三大区域经济发展整体来看并不存在绝对 β 收敛趋势。尽管 1990—1998 年，长三角区域、环渤海区域呈现出较为明显的条件 β 收敛现象，但在 1998—2006 年，三大区域并不存在显著的收敛趋势。通过空间误差条件 β 趋同检验模型研究我国 1978—2002 年 31 个省（自治区、直辖市）的经济趋同效应，则发现我国各省（自治区、直辖市）之间有着显著的条件趋同效应，且劳动力、人力资本、贸易开放程度等控制变量对经济的增长有着较明显的推动作用。可以认为，区域的初始条件对经济发展尤为重要，政府应运用差异性经济政策和收入再分配等手段消除地区差距，为经济发展提供有利的初始条件，促进落后地区经济增长。

2.4 俱乐部趋同检验

2.4.1 马尔科夫链和空间马尔科夫链

马尔科夫链是将连续变化的某地区人均国内生产总值数据进行离散化处理，根据实际情况离散为 k 种类型，计算相应类型的概率分布及其随时间的变化，从而近似地逼近事物演变的过程。将 t 年份某地区 k 种人均国内生产总值类型的概率分布表示为 $1\times k$ 的状态概率向量 $\boldsymbol{P}_t$，记为 $\boldsymbol{P}_t=[P_{1t},\ P_{2t},\ \cdots,\ P_{kt}]$，不同年份的该地区 k 种人均国内生产总值类型之间的转移可用 $k\times k$ 的马尔科夫转移概率矩阵 $\boldsymbol{M}$ 表示，矩阵中元素 m_{ij} 表示 t 年份 i 类型区域在下一年份转移到 j 类型区域的一步转移概率，采用如式(2.9)进行估计：

$$m_{ij}=\frac{n_{ij}}{n_i} \tag{2.9}$$

式中，n_{ij} 表示由 t 时期 i 类型区域在 $t+1$ 时期转移为 j 类型区域的数量之和，n_i 表示所有年份中 i 类型的区域数量之和。如果某个地区人均国内生产总值在初始年份为 i 类型区域，在下一年份保持不变，则地区类型平稳转移；如果人均国内生产总值类型有所提高，则地区类型向上转移；如果人均国内生产总值类型有所下降，则地区类型向下转移。

不同地区之间经济的增长并非完全相互独立，而是与周边地区存在密切联系的，即各地区经济增长有着空间自相关性。考虑空间自相关性的影响，将“空间滞后”变量与传统马尔科夫链相结合，可以弥补传统马尔科夫链法忽略了地区相互作用的不足。该方法运用空间权重矩阵来计算邻近单元的加权平均属性值，判断不同地区的空间邻域状态，以此来衡量“空间滞后”。

在传统马尔科夫链转移概率矩阵的基础上，以地区 i 在 t 年份的 k 个空间滞后类型为条件，将传统马尔科夫链分解为 k 个 $k\times k$ 的条件转移概率矩阵。对第 s 个条件矩阵而言，元素 $m_{ij}(s)$ 表示以该地区在 t 年份的空间滞后类型 s 为条件，该年份属于 i 类型而在下一年份转移为 j 类型的空间转移概率。一个地区的空间滞后类型由其基于属性值的空间滞后值确定，空间滞后值是地区属性值和空

间权重矩阵的乘积,即该地区及周边地区属性值的空间加权平均,计算公式如下所示:

$$Lag = \sum Y_i w_{ij} \tag{2.10}$$

式中,Y_i 表示某地区的属性值,w_{ij} 表示空间权重矩阵的元素。

2.4.2 Moran's I 系数

Moran's I 系数是度量空间相关性的一个重要指标,分为全局 Moran's I 系数和局部 Moran's I 系数,全局 Moran's I 系数只检验某区域是否出现了集聚现象或存在异常值,如果全局系数检验存在自相关效应,局部 Moran's I 系数则可以检验出现集聚和异常值的位置。全局 Moran's I 系数由澳大利亚统计学家 Moran 在 1950 年提出,现有的俱乐部趋同相关研究中,大部分采用全局 Moran's I 系数来测度空间自相关性,其表达式如下:

$$I = \frac{n}{S_0} \times \frac{\sum_{i=1}^{n}\sum_{j=1}^{n} w_{ij}(x_i - \bar{x})(x_j - \bar{x})}{\sum_{i=1}^{n}(x_i - \bar{x})^2} \tag{2.11}$$

$$S_0 = \sum_{i=1}^{n}\sum_{j=1}^{n} w_{ij}$$

式中,x_i、x_j 分别表示地区 i 和地区 j 的观测值,n 表示区域的个数,w_{ij} 为空间权重矩阵的元素,i、$j=1, 2, \cdots, n$。全局 Moran's I 系数取值在 −1 到 1 之间,系数值越接近于 −1 或 1 表明空间相关性越高,若系数值大于期望值,则表明存在正相关关系,若系数值小于期望值,则表明存在负相关关系。

2.4.3 俱乐部趋同检验相关研究

有国外学者以 1996—2015 年间全球 102 个国家的人均国内生产总值为依据,研究世界经济的俱乐部趋同效应。研究结果表明,全球经济发展可划分为 5 个俱乐部,另外有 4 个国家属于非趋同俱乐部,不存在经济增长趋同效应。国内有学者将 2001—2016 年我国 286 个地级以上城市按人均国内生产总值与全国人均国内生产总值的关系划分为低水平、中低水平、中高水平和高水平 4 种类型,运用全局 Moran's I 系数、局部 Moran's I 系数和空间马尔科夫链等方法研究俱乐部趋同效应。其研究结果显示:各城市的经济发展具有较强的维持原有状态的稳定性,经济类型发生向上或者向下转移的城市较少,且存在俱乐部趋同现象。针对这一研究结果,研究者认为,城市的周边环境对该城市经济发展有着重要的影响,较发达的城市对其周边城市的经济发展有着显著的推动作用,如果一个城市与经济较为落后的城市相邻,该城市经济发展将会受到负面影响。一些学者选取 1993—2013 年间我国 31 个省(自治区、直辖市)的收入数据,采取传统模型对其进行收入增长俱乐部收敛的实证研究,研究结果表明,自我国社会主义市场经济体制确立以来,各省经济发展水平产生了显著的俱乐部趋同倾向,东部富裕省份成为一个俱乐部,中西部落后省份成为另一个俱乐部。一些学者运用传统马尔科夫链模型和空间滞后马尔科夫链模型研究了我国京津冀地区市域和县域经济的发展情况,研究发现京、津、冀县域经济类型的空间格局较为稳定,西北、东北等边缘地带由于负向溢出效应使得县域经济发展较为缓慢,向上转移难度较大,大部分城市未实现经济类型的转移,由于城市的拉动效应,附近地区更可能出现经济类型的转移。此外,县域之间存在空间自相关效应,一个地区的空间溢出对其邻近地区经济的发展有着显著的影响。有学者首先运用熵值法测算出 2004—2013 年间我国省域普惠金融的发展指数,将各省份普惠金融水平划分为低水平、中等水平、中高水平以及高水平 4 种类型,再结合传统马尔科夫链和空间马尔科夫链模型研究普惠金融发展的趋同效应。传统马尔科夫链检验结果显示,普惠金融发展存在俱乐部趋同趋势,且发展类型的转移多发生在相邻类型之间,不存在跨越式转移。空间马尔科夫链检验结果显示,在考虑空间滞后因素的影响后仍然存在俱乐部趋同现象,中高水平地区和高水平地区会对周边邻近省域普惠金融的发展产生推动作用。也有研究在传统马尔科夫链中将时间因素和空间因素结合起来,构建加权空间马尔科夫链,并利用局部 Moran's I 指数对空间加权进行校正,以此来研究我国区域经济发展的动态演变。研究结果显示,我国区域经济的发展会受到空间相关性的影响,存在俱乐部趋同现象,地理因素能够显著影响区域经济类型的转移。研究者研究认为,区域经济的类型不太可能呈现明显的跳跃性,地理因素推动某个区域经济类型向上转移还是向下转移的概率是不对称的,与中等发达地区相邻的地区其经济类型转移的可能性最大。

3 影响经济趋同的制度与政策

改革开放以来，我国经济迅速发展，但由于强调经济效益的重要性，区域经济发展的不平衡也逐渐凸显。依据地域特点，我国的经济区域大致可以划分为四大区域，即西部地区[12 个省(自治区、直辖市)]、东北地区(3 个省)、中部地区(6 个省)和东部沿海地区[10 个省(直辖市)]。东部沿海地区在我国的经济发展中一直发挥着引领国家经济发展的龙头作用，20 世纪 80 年代，邓小平提出了"先富带动后富"的思想主张，国家推行一系列优惠政策推动东部沿海地区率先发展，这种政策倾斜一定程度上导致了我国区域经济发展不均衡。为改善这一不均衡的发展局面，我国于 1999 年提出西部大开发战略，于 2003 年提出振兴东北地区等老工业基地战略，于 2005 年提出促进中部地区崛起战略。除了上述四大区域战略外，为更好地推动区域经济合作和共同发展，政府还根据地域范围和性质，通过划定经济圈、都市圈等方式，以中心城市带动周边中小城市发展，贯通城乡经济。例如，长三角、珠三角、环渤海、京津冀都市圈、成渝经济带、中原城市群等。

3.1 鼓励东部沿海地区率先发展

为促进东部沿海地区发挥带头示范作用，国家设立经济特区，开放沿海城市，并给予有利于经济发展的优惠政策，例如减免企业所得税、提高外汇留成比例、发展资本市场、开放金融服务等，允许沿海地区根据自身发展需要进行制度创新，突破政策限制。

有研究收集了我国山东、江苏、上海、浙江和福建 5 省(直辖市)的相关数据，运用全局向量自回归(GVAR)模型探究区域经济协同发展问题。其研究结果表明，区域经济发展存在显著的正向促进作用，发达区域能够带动周边区域的经济增长，周边区域经济的良好发展又能反过来促进发达地区的经济发展，呈现互相促进的效果，且邻近区域的带动效应最大。有学者从经济发展动力转换、新型产业结构构建、开放型经济发展、空间发展格局变化等方面分析了东部率先发展政策下，东部地区与中部、西部和东北部地区的发展差异。该学者分析相关发展数据后发现，东部地区率先发展战略的实施取得了显著成效，起到了促进经济发展的作用，为其他区域的经济发展提供了宝贵经验。也有学者运用二次差分法评估了我国东部地区率先发展战略的实施效果，研究发现这一战略能够起到促进我国经济增长的作用，有利于减小区域经济发展水平之间的差异，对发展差距的收敛性检验结果表明，战略实施后东部地区内部各省份之间存在显著的条件β趋同趋势。也有研究从资本、劳动等要素的配置与流动的角度考察了我国20世纪80年代和90年代不同区域经济发展的差距及形成这些差距的原因，同时也探究了制度等因素对区域经济趋同或趋异的影响。研究者研究发现，由于国家政策及市场导向的推动，国外投资和民间资本大量流向东部地区，促进了东部地区经济的快速增长，东部、西部经济水平差距不断扩大，尽管国家给予了西部地区大量的资金支持，但仍比不上数量庞大的外资和民间资金。除投资数量差异外，东部地区享有更多更好的经济发展政策，优惠政策的长期倾斜阻碍了资源的有效配置，不利于缩小地区发展差异，政府应逐步实行统一国民待遇。市场化程度是导致东西部差异的重要因素，尤其是在非国有经济的发展和要素市场发育方面，政府应鼓励非国有企业的发展，改善企业经营的制度环境，西部地区城市化程度低，需要政府进行合理的规划，发挥市场的决定性作用。

3.2 西部大开发战略

西部大开发战略涉及我国12省(自治区、直辖市)，西部地区面积达到全国的71.4%，人口占全国总人口的28%，而西部地区产值仅约占全国总产值的17%，人均产值不足东部地区的一半，可见西部地区与其他地区经济发展水平差异巨大。

有国内学者通过分析我国29个省(自治区、直辖市)在1978—2011年的经济数据，探究西部大开发战略对改善我国区域经济发展差距的影响。其研究结果表明，这一政策确实能起到减小东、西部经济发展差距的作用，使得东、西部经济发展由趋异转向趋同。该学者认为，造成这一发展转变的原因是西部大开发战略促进了西部地区的投资增加，提升了市场化程度，完善并丰富了产业结构，增加了人力资本的供给，从而促进了西部地区经济的增长。但该学者在肯定这一政策的同时也指出了政策存在的不足之处：自这一政策实施以来，虽然西部地区与东部地区的经济发展差距缩小了，但地区内部经济水平的差距却在不断扩大；西部地区的发展主要依靠增加投资，经济长期高质量发展的关键因素例如交通设施、就业人数、开放程度、投资效率等并未得到显著改善，这将阻碍西部经济的长期增长。也有学者同样着眼于西部大开发战略，通过建立增长模型，收集整理了 1987—2007 年我国省际面板数据，实证研究了西部大开发战略在促进西部地区发展方面的作用。研究结果表明，西部大开发战略通过影响实物资本投资确实能够间接促进我国西部区域的发展，促使我国区域经济发展从趋异转为趋同，但西部地区的教育、科技等因素并未得到显著改善。该学者认为，西部大开发战略应增加实物资本的投入，完善配套基础设施，减小与中东部地区的差距，防止区域经济收敛的趋势重新逆转。此外，西部地区教育资源落后，人力资本大量外流，增大了西部地区的与中东部地区的要素差异，因此西部地区应加大教育投资和人文建设，重视引进和留住人才，完善相关法规和政策。同样的，选取我国西部地区 78 个地级市相关经济发展数据，探究西部大开发战略对西部经济发展的作用，研究发现在实施这一发展战略后，西部地区经济发展呈现显著的空间 β 趋同效应，研究者认为人力资本是促进西部地区经济趋同的唯一因素，且研究得到西部地区经济趋同有加速赶超发达地区之趋势。

3.3　振兴东北地区等老工业基地战略

东北三省是中华人民共和国的工业摇篮，在中华人民共和国成立初期为我国的工业发展及国家安全做出了重大贡献，但过度的路径依赖以及体制与结构矛盾的影响，使得我国东北地区在改革开放中动力不足，经济发展受限。东北地区经济结构存在国有经济占比较大、市场化程度低、技术创新性不足等问题，人才流失严重，自然资源过度开发，亟须新的政策和战略扶持发展。

有研究分析了我国东北和东部地区的 13 个省(直辖市)1995—2014 年的经济数据，运用双重差分法进行实证检验，研究东北振兴战略对东北地区经济发展的影响。研究发现，这一战略整体上促进了东北地区经济的良好发展，使得东北地区与东部地区经济水平的差异进一步减小，使得区域经济呈现趋同趋势，研究者认为经济增长效果主要归功于东北振兴政策带来的投资、人力资本、技术等方面的进步。另有学者选取吉林省48个行政单元作为研究对象，研究了东北振兴战略实施之后吉林省区域经济发展的变化趋势。运用加权变异系数、基尼系数和泰尔指数衡量各行政单元经济水平的差异，研究发现吉林省内各区域经济水平差异逐渐减小，呈现区域经济发展趋同趋势。也有学者研究了东北老工业基地振兴战略实施之后，东北地区经济的发展状况，通过实证分析，该学者发现吉林、辽宁和黑龙江三省经济发展呈现俱乐部收敛趋势。进一步分析俱乐部收敛的变化趋势可以发现，东北地区重化工企业占比较大，且大多效益较低而耗能高，附加值低，并未摆脱资源依附性；此外，新技术产业发展水平欠缺，自主创新能力不足，例如电子设备、计算机软件、仪器仪表设备等的生产水平远低于全国平均水平。该学者认为，东北老工业基地要想挣脱现有发展桎梏，必须进行产业升级，选择关键领域进行重点发展，引入新兴技术与创新，以此带动地区经济持续增长。

3.4　中部地区崛起战略

我国中部地区共包括6个省份，其面积约占全国总面积的10.7%，人口约占全国总人口的28%，产值约占全国总产值的21%。除山西属煤炭大省之外，其他省份都属农业大省，尽管经济总量水平较高，但由于人口密度大，人均产值较低。

一些学者运用双重差分法比较1994—2014年我国中部和东部地区的发展差异，研究了中部地区崛起战略对区域发展的短期和中长期影响，研究结果表明，尽管中部崛起政策在短期内能够促进中部地区经济发展水平向东部地区靠拢，但从长期来看并不具备趋同趋势，虽然长期未显示趋同，但该学者仍然肯定了这一政策对促进经济发展的有效性，鼓励国家实施区域发展政策。也有研究分析了我国实施中部地区崛起战略后取得的发展成就以及面临的问题。研究者认为这一战略实施后，中部地区城镇化进程显著加速，各大城市群例如中原城市群、武汉城市群、皖江城市带等相继崛起，郑州、武汉、合肥等中心城市迅猛发展，经济发展水平显著提升，周边中小城市的城镇受到中心城市的带动作用经济也在不断发展，城镇体系日趋完善。与2004年相比，仅10年时间就使中部地区的城镇化率提高了13.8个百分点，明显快于全国城镇化率的增长速度，差距持续缩小。有学者运用双重差分法对中部崛起战略的实施效果进行实证分析，发现这一战略对中部地区经济增长有着显著的促进作用，样本期内中部地区 GDP 提高 10.2%，缩小了我国区域经济发展的差异，战略实施效果显著。另有学者以我国地级市为研究对象，基于 2000—2016 年的数据，运用综合 DID、空间 DID、PSM-DID 等实证分析法研究中部地区崛起战略对经济增长的促进效应。研究结果表明，这一战略确实有助于提升中部地区的经济发展水平，使得经济增长速度提高了约 2%，且该学者认为这一积极效应主要得益于产业投资的大幅增加促进了工业企业的发展。

3.5　经济圈促进协调发展

随着经济全球化进程的加快，不同地区各经济发展因素逐渐相互依赖，城市群作为一种新的空间组织形式，对于解决区域经济松散、产业分工不合理等发展问题具有很好的助力作用。

有学者以我国长三角地区 108 个小城市作为研究对象，运用实证分析探究不同级别大型城市对小城市经济发展的影响。研究发现，大城市对小城市经济发展具有带动作用，有助于促进小城市的经济增长；另外，前述带动作用更多地表现在高等级城市例如省级城市、副省级城市等对低等级城市的推动作用，同等级小城市之间并未表现出相互促进的作用。也有学者研究了我国长江三角洲城市群的 66 个县(市、区)在 1996—2014 年间的经济发展数据，运用引力模型和条件马尔科夫链模型考察长江三角洲的经济趋同现象。研究结果表明，长江三角洲城市群的经济发展存在显著的俱乐部趋同趋势，并且资本的流动对俱乐部趋同有明显的促进作用，因此，该学者建议长江三角洲城市群应该继续提高资本流动水平，促进各俱乐部间的协调发展。有研究选取我国长江三角洲城市群、珠江三角洲城市群和京津冀城市群共 53 个城市 2003—2014 年的经济数据，实证分析了 3 个城市群生产性服务业的发展特点。实证研究结果表明，中心城市在生产要素和政策等方面相较于周围城市更有优势，对周边城市的发展能够产生更大的外部性，周边城市能够依托中心城市参与到产业空间分工中，实现经济的高质量发展。也有研究运用空间分析法分析了 2005—2015 年间我国中原城市群经济发展的变化趋势、分布结构以及形成的原因。研究者分析后认为，总体上来看，该经济群发展的空间差异呈现逐渐减小的趋势，各城市之间的空间联系越来越密切，且中心城市辐射效应增强，带动周边城市经济同步发展。一些学者运用空间自相关模型对皖江城市带空间格局的变化和发展机制进行了分析。学者们分析后认为，从总体上来看，皖江城市带城镇化发展呈现上升态势，城市带内地区间差异逐渐减小，空间相关性增强，承接产业转移示范区对皖江城市带城镇化的发展具有显著的促进作用。

3.6 习近平总书记关于区域协调发展的重要论述

党的十八大以来，习近平总书记对区域协调发展情况保持高度重视，多次实地考察调研、主持召开关于区域建设的座谈会，在这一过程中做出了一系列战略部署，逐步形成与发展出了习近平新时代区域协调发展的重要论述。党的十八大是我国系统性探索区域经济发展模式进程中的又一大分水岭，党的十八大以来，我国以全新的思路推动区域协调发展。与之前各阶段相比，2012 年以来政府在区域协调发展方面的作用前置，从“市场主导、政府引导”的关系转换为“政府与市场分工协作”的发展手段，并且全面践行创新驱动的发展模式。

习近平的重要论述首先对我国区域发展现状进行研判，指出我国区域发展总体形势向好，但主要存在分化态势明显、部分区域面临较大困难、发展动力极化现象日益突出这三个方面的问题。习近平的重要论述在总结既有战略的基础上，创新性地提出新的发展战略，统筹实施新、旧战略，将区域协调发展提升到了新的高度。2015 年习近平主持召开党的十八届五中全会，会议明确指出，要以东部率先、西部开发、东北振兴和中部崛起“四大板块”战略为基础，从地理位置来看，“四大板块”战略覆盖全国，布局完整。党的十八届五中全会同时明确要以“一带一路”建设、长江经济带发展和京津冀协同发展这“三大战略”为引领。“三大战略”与“四大板块”是新时期中国区域协调发展的核心内容，综合形成了“4＋3”的区域协调发展“新棋局”。2018 年习近平总书记在东北三省考察时指出，要以东北地区与东部地区对口合作为依据，深入推进东北振兴与京津冀协同发展、长江经济带发展、粤港澳大湾区建设等国家重大战略的对接和交流合作，使南北互动起来。不仅是东北地区发展需要形成协同开放合作合力，其他地区也要坚持协调发展，增强与其他区域间的交流与互动，努力提高区域发展的协同性。新时代的区域协调发展，不仅需要合理分工，发挥各地区的比较优势，而且要注重区域间的协同发展，促进生产要素在地区间合理、高效地流动，要时刻牢记全国一盘棋。习近平关于区域协调发展的重要论述体现了党对区域经济发展现状的敏锐洞察，具有鲜明的科学性与时代性。“十四五”时期，我们应该遵循习近平新时代区域协调发展的重要论述，大力落实、推进各项区域发展战略，进一步增强各区域之间的协调发展能力，努力实现我国区域经济的高水平协调发展。

第二篇

江苏区域经济趋同：数量篇

尽管GDP仅考虑了经济发展数量，但GDP仍然是衡量经济发展水平的最主要指标。第二篇主要从人均GDP和一、二、三产业人均GDP两个指标分析江苏区域经济趋同趋势。此外，全年人均工业用电量也是衡量经济增长的指标，该指标是李克强总理任职辽宁省委书记时采用的三个指标之一，也被英国《经济学人》杂志和美国花旗银行所认可，被称为克强指数。所以，第二篇也对江苏区域全年人均工业用电量的趋同趋势进行了分析。通过对以上三个指标的分析，我们可以了解江苏区域经济趋同趋势的总体情况。

4 江苏省区域人均 GDP 趋同效应分析

4.1 引言

党的十九大报告指出，“中国特色社会主义进入新时代，我国社会主要矛盾已经转化为人民日益增长的美好生活需要和不平衡不充分的发展之间的矛盾”。经过改革开放 40 余年的发展，我国综合国力不断增强，生产力水平持续提高。在经济方面，中国经济实现了长期高速增长，经济规模不断壮大，经济实力显著提升，一跃成为世界第二大经济体。但是在取得这些瞩目成绩的同时，发展的不平衡、不充分问题也逐渐突显出来。

《中共中央关于制定国民经济和社会发展第十四个五年规划和二〇三五年远景目标的建议》中明确指出，“城乡区域发展和收入分配之间的差距较大”，这是国家发展不平衡和不充分问题的主要表现之一。

发展的不平衡首先体现在地区之间的不平衡。地区差异是各国区域发展过程中普遍存在且长期存在的经济问题，也是政府和学者一直关注和研究的话题。实现区域经济协调发展，关键是要努力缩小经济发达地区与欠发达地区的经济差异。

2004 年，习近平同志用笔名“哲欣”在《之江新语》中引用经济学中著名的“木桶理论”论述了区域经济差异问题，即“一只木桶的装水容量不是取决于这只木桶中最长的那块板，而是取决于最短的那块板”。这深刻地揭示了区域经济协调发展的重要性。

党和政府针对不同地区先后制定了一系列政策措施，如西部大开发、东北全面振兴、中部地区崛起、东部率先发展等战略以促进区域经济协调发展。随着我国迈入高质量发展阶段，党和政府又提出了推进京津冀协同发展、粤港澳大湾区建设、长三角一体化发展这三大战略来实现整体协调发展，至此，一个新时代的区域协调发展的新机制已经形成。

其中长江三角洲一体化综合开发是党中央和国务院在新时代确定的推动长江三角洲城市群协同发展、提质发展的重要战略。长江三角洲是中国经济发展最具活力、开放程度高、创新能力强的地区之一。长江三角洲城市群是中国经济活动最密集的地区，约占中国经济总量的四分之一，在中国整体经济发展中发挥着核心作用。在 2020 年 8 月 20 日召开的扎实推进长江三角洲一体化发展座谈会上，习近平同志强调，一体化的一个重要目的是要解决区域发展不平衡问题。

那么，在这一系列政策的推动之下，区域之间的经济差距能否逐渐缩小，从而实现协同发展？为研究这一问题，本章以长三角一体化战略中的江苏省为研究对象，利用 2001—2020 年间 53 个区域的人均 GDP 数据，通过 σ 收敛（趋同）检验、β 收敛（趋同）检验以及 $\log t$ 检验三种检验方式，对江苏省区域经济趋同效应进行分析。

4.2 文献综述

1956 年，美国经济学家索洛提出了新古典经济增长模型，为经济趋同研究奠定了理论基础。该模型指出，在外生变量给定的情况下，由于资本的边际报酬递减规律，当经济发达地区出现边际报酬递减时，资本将流向经济欠发达地区，从而减缓发达地区的经济增长，相应的，欠发达地区的经济增长速度将加快，最终的结果是两地区经济差距缩小，最终达到某一稳定的状态。在新古典经济增长理论的支撑下，经济趋同假说得以展开。此后，经济增长的收敛问题得到了学者们的热烈讨论与广泛研究，相关的理论、模型与实证研究也逐渐丰富起来。美国经济学家威廉姆森（Williamson）于 1965 年发表了《区域不平衡与国家发展进程》一文，在文章中，威廉姆森将经济趋同问题从理论假说层面转向了实证研究。通过对全世界 24 个国家经济资料的时间序列数据和截面数据进行分析，威廉姆森提出了“倒 U 形理论”，该理论认为，地区之间的经济差距随着一国经济发展的进程而变化——在一国经济发展的早期阶段，地区之间的经济差距随着经济增长而增大，随后保持稳定，但是随着一国经济发展进入成熟期，区域间的经济差距将呈现出不断缩小的趋势。Barro 通过对 98 个国家 1960—1985 年期间的数据进行研究发现，实际人均 GDP 的增长率与初始人力资本呈正相关，与初始实际人均 GDP 水平呈负相关。

也有大量的学者对中国区域经济趋同问题进行分析。有学者依据索洛经济增长模型，对1978—1993年间中国省际人均GDP数据进行实证研究，发现样本期内中国各省的人均GDP增长率存在着有条件的趋同。也有相关研究利用1952—1995年人均GDP、人均NI（国民收入）和居民人均收入指标，以"文化大革命"和改革开放这两个重要时间点为界限，对中华人民共和国成立以来不同经济时期的经济趋同情况进行了计量分析，发现区域经济先是存在弱趋同，而后呈现显著的发散，得出了中国经济趋同呈现阶段性变化的结论，并结合当时的宏观经济政策给予了解释。

由于选择的经济指标、研究的地域尺度以及分析方法的不同，对于中国经济增长趋同性问题，学者们并没有得出一致的结论。从国内外现有的研究结果来看，大多数学者都是从一个比较大的空间尺度来研究区域经济差异，如将地域分为东、西、中三大地带，或者是直接从省域的角度进行研究，而很少涉及更小的空间单元。事实上中国幅员辽阔，区域经济形势复杂，不仅不同地域、不同省份之间存在着差异化的经济状况，而且同一省份，各市、各区之间的经济发展水平也不尽相同。因此，需要考虑从市域和县域这样更小的空间单元，对特定区域的经济增长趋同性进行研究，这有助于我们更加深入地了解中国复杂区域的经济收敛状况。

在经济指标的选取上，学者通常选用人均GDP数据来作为衡量地区经济增长情况的指标。GDP是公认的衡量地区经济发展水平的最佳指标，用GDP除以总人口，便可以得到该地区的人均GDP数据。由于人均GDP包括了生产和人口两大要素，可以真实地反映一个地区居民的生活水平，因而是衡量地区经济发展水平的重要指标。

在分析方法的使用上，通常采用σ收敛检验和β收敛检验两种方法来检验经济趋同效应。前者可以检验区域之间经济水平差异程度随时间推移而缩小的趋势，后者可以检验欠发达地区经济水平接近发达地区的速度。β收敛有绝对收敛和相对收敛两种形式，其中绝对β收敛表明所有的国家或地区都将收敛于相同的经济水平，而相对β收敛意味着每个经济体终将收敛于自身的稳态，经济体之间的差距将会永远存在。然而，有学者在实证研究中发现，以上两种检验方法都有一定的局限性，Phillips提出用$\log t$检验来弥补上述两种方法的不足，此种方法不仅可以检验总体的收敛性，还可以进一步地检验总体不收敛时的个体收敛性。

综上，本章将江苏省划分为 53 个区域，以人均 GDP 数据为研究指标，综合采用 σ 收敛检验、β 收敛检验以及 $\log t$ 检验三种检验方式，对江苏省经济趋同效应进行实证分析。

4.3 研究区域与数据来源

4.3.1 研究区域

江苏省全省面积 10.72 万平方千米，约占全国总面积的 1.1%。江苏省地处长江中下游平原，气候温和，地势平坦，土地辽阔，河川纵横，拥有丰富的水产资源和矿产资源，自然条件优越。截至 2020 年末，江苏省共有 13 个设区市级行政单位，95 个县(市、区)，其中市辖区 55 个、县级市 21 个、县 19 个。

在经济层面，江苏省是我国东部沿海经济发达地区之一，也是全国经济最发达的省份之一。自改革开放以来，江苏省经济水平一直处于全国领先地位。2020 年，江苏省 GDP 总量为 102 718.98 亿元，约占全国总量的 10.1%，仅次于广东省。作为拥有全国第二大经济总量的江苏省，是长三角一体化发展战略的重要一环。然而江苏省的经济体量虽然大，省内各地区却存在着较大的经济悬殊。苏南是江苏省经济最发达的地区，也是全国经济领先的地区之一。从经济体量来看，2020 年苏南地区为江苏省经济总产值贡献了 56.8%，约是苏中地区的 2.8 倍、苏北地区的 2.5 倍；从人均产值来看，苏南地区人均 GDP 为 156 393 元，约是苏中地区的 1.2 倍、苏北地区的 2 倍，如表 4.1 所示。

表 4.1　2020 年江苏省三大区域人均 GDP 指标　　单位：元

指标	苏南	苏中	苏北
人均 GDP	156 393.00	127 357.00	79 568.00

4.3.2 数据来源

本章所有的数据均来自《江苏统计年鉴》，时间序列为 2001—2020 年。由于样本期时间跨度比较长，在这段时间内，江苏省行政区域划分发生了较大的变动。为方便研究，本章对行政区进行适当整合，仅保留平衡面板数据，最终得到53个区域样本。数据样本选择各区域的人均GDP数据，来代表不同年份的区域经济发展水平。由于《江苏统计年鉴》中给出的人均GDP数据是名义值，为了保证数据的可比性，本章对人均GDP数据进行不变价格处理以剔除物价水平变动的影响。《江苏统计年鉴》给出了以1978年为基期(1978＝100)的人均地区生产总值定基指数，本章使用这一定基指数对各年份的名义人均GDP数据进行修正，则可以得到2001—2020年各年份的实际人均GDP数据。

在条件β收敛检验中，本章选取人口增长率、投资率、人力资本水平、对外开放程度、政府行为以及产业结构作为经济增长的影响因素进行分析。其中，人口增长率等于出生人数减去死亡人数，再除以年平均人口得到；投资率用固定资本形成总额除以当年GDP得到的数值来衡量；人力资本水平用普通中学在校生数量除以总人口表示；对外开放程度用进出口总额与当年地区生产总值的比值来表示；政府行为用政府预算支出与当年GDP的比值来衡量；产业结构由工业产值除以当年GDP得到。江苏省53个区域实际人均GDP描述性统计如表4.2所示：

表4.2　江苏省53个区域实际人均GDP描述性统计表　　单位：元

年份	平均值	标准差	最小值	最大值	极差
2001	11 768.66	9 727.23	3 221.00	38 635.00	35 414.00
2002	13 072.05	10 804.54	3 577.73	42 913.87	39 336.14
2003	13 283.11	10 978.98	3 635.49	43 606.74	39 971.25
2004	13 318.86	11 008.53	3 645.28	43 724.11	40 078.83
2005	13 358.44	11 041.24	3 656.11	43 854.03	40 197.92
2006	13 409.06	11 083.09	3 669.97	44 020.24	40 350.27
2007	13 408.12	11 082.31	3 669.71	44 017.14	40 347.43
2008	13 171.80	10 886.98	3 605.03	43 241.32	39 636.29
2009	13 159.85	10 877.11	3 601.76	43 202.11	39 600.35
2010	13 174.81	10 889.47	3 605.85	43 251.22	39 645.37
2011	12 898.56	10 661.14	3 530.25	42 344.31	38 814.06
2012	12 768.99	10 554.04	3 494.78	41 918.95	38 424.17

续表

年份	平均值	标准差	最小值	最大值	极差
2013	12 780.74	10 563.76	3 498.00	41 957.54	38 459.54
2014	12 651.34	10 456.80	3 462.58	41 532.73	38 070.15
2015	12 686.57	10 485.92	3 472.23	41 648.39	38 176.16
2016	12 616.06	10 427.64	3 452.93	41 416.90	37 963.97
2017	12 533.58	10 359.47	3 430.35	41 146.12	37 715.77
2018	12 510.11	10 340.07	3 423.93	41 069.08	37 645.15
2019	12 427.68	10 271.94	3 401.37	40 798.48	37 397.11
2020	12 180.55	10 067.67	3 333.73	39 987.17	36 653.44

4.4 实证分析

4.4.1 σ 收敛检验实证结果

σ 收敛检验可以检验区域之间的经济差异程度随着时间的推移而缩小的趋势，通常用变异系数(CV)来衡量。变异系数等于一组数据的标准差与均值之比，可以较为准确地度量数据之间的离散程度。如果变异系数随着时间的变化而减小，则表明数据在样本期内存在收敛的趋势，否则发散的程度在提高。图 4.1给出了样本期内实际人均 GDP 的变异系数随时间变化的情况。可以看

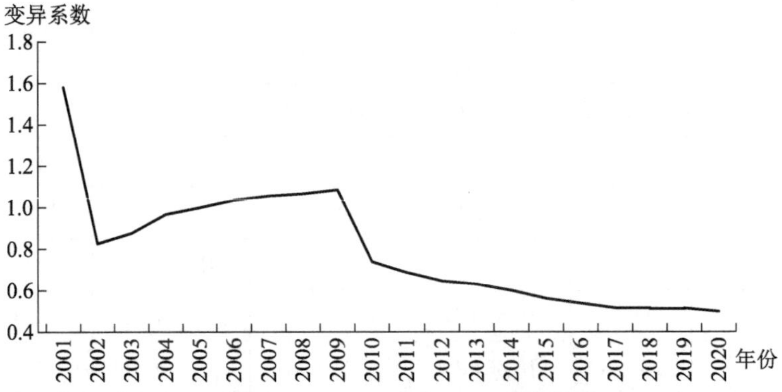

图 4.1 实际人均 GDP 的 σ 收敛图

出，在样本期间内，江苏省 53 个区域实际人均 GDP 的变异系数总体呈现下降趋势，变异系数从 2001 年的1.58，下降到 2020 年的 0.5。在 2002—2009 年间，实际人均 GDP 的变异系数经历了一个上涨的过程，从 2002 年的 0.83 上涨到 2009 年的 1.08，但仍然低于 2001 年的 1.58。

4.4.2　β 收敛检验实证结果

1）绝对 β 收敛检验

Barro 基于新古典经济模型提出了扩展模型以分析区域经济增长的收敛情况，此模型常被后人用于检验 β 收敛情况。该模型使用经济体某一时期的实际人均 GDP 增长率作为因变量，将经济体在初始时期的实际人均 GDP 的对数作为自变量建立回归方程。所谓 β 收敛就是描述了实际人均 GDP 的增长率与初始人均 GDP 水平的自然对数之间的负相关关系，从本质上来说，β 收敛就是增长率的收敛。本章借鉴此模型进行 β 收敛检验，表 4.3 展示了检验结果。

表 4.3　实际人均 GDP 的 β 收敛检验结果

统计量	数值
β	0.04
t	27.60
P	0.00

可以看出，在 95％的置信水平下，β 值显著大于 0，表明实际人均 GDP 增长速度与初始状态呈现负相关关系，即欠发达地区比发达地区有着更快的增长速度。按照这一发展趋势，可以判断江苏省 53 个区域的实际人均 GDP 增长结果最终会趋于一致，且 β 值为 0.04，表明欠发达地区与发达地区的差距以每年 4％的速度在缩小。

2）条件 β 收敛检验

绝对 β 收敛检验结果表明，在区域间不存在经济增长条件差异的情况下，随着时间的推移，所有的地区都将收敛于相同的经济发展水平，即区域间的经济差异将不复存在。但是绝对 β 收敛描述的是一种无条件的收敛，从现实的角度来看，受到区域的历史因素、区位因素、文化因素等的影响，各区域不可能拥有相同的经济增长条件，即绝对 β 收敛的前提条件是难以实现的，因而区域间的经济差距会持续存在。

Barro 提出了有条件的 β 趋同，在对 98 个国家 1960—1985 年的人均 GDP 收敛情况进行分析后发现，其收敛效果并不显著，但是在加入了人力资本、实物投资、政府消费、公共投入等一系列可能影响经济收敛的因素之后，人均 GDP 增长率出现了显著的收敛现象。这一现象被称为有条件的 β 趋同，即由于地区间经济增长条件差异的存在，每个经济体都将收敛于自身的稳定状态，经济体之间的经济差距将会持久存在。通过对人均 GDP 增长情况进行条件 β 收敛分析，有助于识别在经济增长过程中，有哪些因素促进或是抑制了区域经济趋同，从而可以有针对性地实施政策措施。因此，本章对绝对 β 收敛模型进行了扩展，通过加入经济增长的影响因素，对人均 GDP 的收敛情况进行条件 β 收敛检验。

考虑到学者的现有研究成果以及数据的可得性，本章最终选取人口增长率、投资率、人力资本水平、对外开放程度、政府行为以及产业结构这 6 个指标作为经济增长的影响因素进行条件 β 收敛检验。现对这几个指标做如下说明：

(1) 人口增长率　人口与经济增长问题是经济学的一大重要话题，也是饱受争论的一大话题。亚当·斯密(Adam Smith)在其著作《国富论》中提出，国民财富的增长取决于两大因素：一是从事劳动的人数的增加，二是劳动生产率的提高。其中从事劳动的人数与人口的增长以及资本的积累有关。《国富论》的第八章“论劳动工资”中这样写道：“在任何国家，衡量其繁荣程度的最明确尺度都是人口增加的数量。”亚当·斯密认为人口的增加是财富的象征，也是财富增加的原因。18 世纪末，马尔萨斯(Malthus)出版了《人口原理》一书，提出了与亚当·斯密相反的观点。基于英国的人口增长远快于粮食产量增长的这一趋势，为了防止挨饿，马尔萨斯认为需要维持贫困对于人口增长的约束作用，从而达到人口增长与粮食产量增长这两者的平衡关系。到了 1937 年，凯恩斯(Keynes)发表了一个题为“人口增长趋缓的一些经济后果”的演讲，批驳了马尔萨斯的观点。凯恩斯认为，人口增长的趋缓会导致有效需求不足以及投资减少，从而对经济增长造成阻碍。人口增长究竟是经济发展的催化剂还是一种阻碍，这很难回答，因为这两者之间的联系是错综复杂的，学者们从不同的视角出发，得出了截然相反的结论。但可以确定的是，学者们在研究经济发展的影响因素时，始终将人口增长作为一个因素纳入考量。因此，本章也将人口增长率作为一项指标，研究其与经济增长之间的关系。

(2) 投资率　按照亚当·斯密《国富论》中的观点，国民财富的增长还与资本的积累有关。在推动国民经济增长的"三驾马车"中，最重要的一项就是投资。其中，固定资产投资是极为重要的一部分，它从两个方面推动区域经济增长：一是影响了需求端，由于固定资产具有很强的扩散功能，因而可以影响到各行各业，从而推动经济的发展；二是从供给端进行影响，扩大社会生产的一项必要条件就是投资供给，资本的积累可以有效地实现扩大再生产。本章使用固定资产投资额与 GDP 的比值来代表投资率。

(3) 人力资本水平　人力资本是影响区域经济增长的另一大重要因素。Romer 认为，由于人力资本是技术进步的一种关键投入品，且具有规模效应，因而人力资本水平高的地区往往会比人力资本水平低的地区拥有更快的技术进步和经济增长速度。人力资本还存在着外溢效应，即人力资本会从高水平地区向低水平地区流动，从而促进落后地区学习先进的生产技术，进而提高该区域的生产能力，促进经济的增长。由于人力资本是一种比较抽象的概念，其衡量的方法有很多种，目前学者比较普遍使用的方法是用反映教育水平的指标来代表人力资本水平。考虑到数据的可得性，本章使用普通中学在校生数占总人口的比重来量化人力资本水平。

(4) 对外开放程度　对外开放程度在促进经济增长效率方面的作用是国内外学者长期关注的一个焦点。有国外学者通过对日本、韩国、土耳其等国的研究发现贸易政策与生产率之间存在着重要的联系；通过比较 93 个国家的贸易政策发现，更开放的国家经历了更快的生产率增长。国内学者的研究指出，出口会促进全要素生产率的提高，而进口则产生阻碍作用，但综合来看，对外开放有助于推动生产率的增长，但是其影响微弱，只有人力资本影响效果的十分之一。有国内学者通过对中国各省区进行实证分析，研究了开放对中国区域生产率增长的影响，发现开放能够促进中国各省区生产率的提升，并且开放的直接增长效应是主要的效应，而收敛效应是不显著的。本章综合学者的意见，使用进出口总额与 GDP 的比值来反映对外开放程度。

(5) 政府行为　政府的行为同样会影响地区经济发展。在我国经济体制改革的进程中，政府行为对区域经济发展起着举足轻重的作用。但关于政府行为对于经济增长究竟是促进还是抑制作用，学者们并未达成一致的意见。一方面，政府可以通过运用财政政策工具，因地制宜地制定区域经济发展战略，促进地区经济增长。另一方面，由于目前我国政府机构规模庞大，财政支出水平较高，为了平衡财政支出，地方政府可能会采取增加收入项目，提高收费标准等措施来增加财政收入，这会导致微观经济主体收入减少，对地区经济发展产生抑制作用。因此，综合来看，政府行为对于区域经济发展的影响具有不确定性。本章使用政府预算支出与 GDP 的比值来测度政府行为。

(6) 产业结构　钱纳里(Chenery)等人在《工业化和经济增长的比较研究》一书中指出，工业化进程与经济增长的过程是始终相伴相生的。在过去的几十年里，我国的工业化进程经历了一个高速发展的阶段，建立了一个体系完整并且产能强大的工业体系，追赶上了发达国家在几个世纪才取得的成就。工业发展所带来的经济效益是巨大的，在相当长的一段时间里，我国的经济增长主要都是由工业扩张来推动的。然而受到历史因素、区位条件、制度安排等因素的影响，江苏各区域之间的工业化步伐并未达到一致水平，有学者认为这是导致区域经济增长差异的重要原因。本章使用工业产值与 GDP 的比值来描述区域的工业化水平，从而反映产业结构。各指标的描述性统计量如表 4.4 所示：

表 4.4　各指标的描述性统计量

变量	定义	观测数	均值	标准差	最小值	最大值
ln(*pgdp*)	人均 GDP 对数值	1 060	10.43	1.02	8.08	12.43
pop/%	人口增长率	1 060	2.95	4.99	−18.97	24.83
invest/%	投资率	1 060	0.09	0.12	0.00	0.73
cap/%	人力资本水平	1 060	0.04	0.02	0.00	0.10
trade/%	对外开放程度	1 060	15.51	167.99	0.00	4 165.57
gov/%	政府行为	1 060	0.02	0.03	0.00	0.16
industry/%	产业结构	1 060	0.42	0.85	0.00	5.17

表 4.5 展示了实际人均 GDP 收敛的影响因素回归结果，其中模型(1)包含了人口增长率、投资率以及人力资本水平这三个变量。从模型(1)的回归结果可以看出，人口增长率和人力资本水平这两个因素的回归系数都是正数，并且通过了显著性水平为 1%的显著性检验，这表明人口的增长以及人力资本的投入对于区域经济增长都有显著的促进作用。从回归系数来看，人力资本水平的回归系数远大于人口增长率的回归系数，这表明人力资本的投入对于经济的增长具

有更强的推动作用。而投资率的回归系数在1%的水平下显著为负，这表明地区投资率的提高可能并不会对江苏省区域经济趋同产生正向促进作用。

表 4.5　收敛影响因素回归结果

变量	模型(1)	模型(2)	模型(3)	模型(4)
pop	0.004*** (7.16)	0.004*** (7.26)	0.004*** (6.80)	0.004*** (7.55)
invest	−0.110*** (−6.11)	−0.106*** (−5.97)	0.029 (0.24)	0.015 (0.015)
cap	0.673*** (5.67)	0.674*** (5.67)	0.764*** (4.94)	0.747*** (5.63)
trade		−0.000 (−1.05)		
gov			−0.687 (−1.13)	
industry				−0.022* (−1.77)
常数项	0.075*** (9.58)	0.075*** (9.62)	0.074*** (7.87)	0.072*** (7.94)
R^2	0.167	0.169	0.171	0.173
F	32.736	28.595	32.262	33.789

注：括号内为 t 统计量，***、**和*分别表示在1%、5%和10%的水平下显著。

模型(2)在模型(1)的基础上加入了进出口总额与GDP的比值这个变量，用来衡量对外开放程度对区域经济收敛效应的影响。回归结果显示，该变量的回归系数是负值，但是数值非常小，近乎为0，并且回归系数并不显著，这表明对外开放程度对于江苏省区域经济收敛行为的影响并不显著。

模型(3)则在模型(1)的基础上加入了政府预算支出与GDP之比这个变量，以衡量政府行为对区域经济收敛效应的影响。回归结果显示，政府行为这个变量的回归系数为负值，但并不显著，这表明政府的干预可能对江苏省区域经济趋同效应产生不利的影响，但是影响并不是很显著。

模型(4)是在模型(1)的基础上考虑了产业结构对区域经济收敛性的影响，

选用的是工业产值占 GDP 的比重这个变量。从回归结果可以看出，产业结构的回归系数在 10%的水平下显著为负，这表明工业化进程可能不利于江苏省区域经济的趋同。

值得一提的是，我们在模型(1)的基础上依次加入了对外开放程度、政府行为以及产业结构这三个变量之后，依据新古典经济增长模型选取的人口增长率和人力资本水平这两个变量的回归系数的符号以及显著性并未发生明显的变化，而投资率的回归系数的符号和显著性均发生了改变，这表明人口与人力资本可能是经济发展过程中比较核心和稳定的要素。

4.4.3 log *t* 检验结果

σ 收敛检验结果和 β 收敛检验结果均表明，在样本期间内，江苏省各区域的实际人均 GDP 总体是趋于收敛的。收敛体现在两个方面，一是在人均 GDP 的增长速度方面，欠发达地区要快于发达地区，二是两区域的实际人均 GDP 差距总体上在减小。然而，虽然 σ 收敛检验和 β 收敛检验都比较直观地显示了样本期内实际人均 GDP 的收敛情况，但是不少学者指出，这两种检验方法都存在一定的局限性。如 Phillips 指出的，如果数列存在诸如布朗运动、列维游走等不平稳现象，那么方差的自然增长会对 σ 收敛结果的有效性产生影响。Lichtenberg 则指出，存在这样一种情形，如果某个区域在初期拥有较低的初始水平，属于欠发达地区，但是它拥有较快的经济增长速度，以至于到末期它的经济已经赶超了那些发达地区，并且此时的经济差距甚至超过了初期的差距，那么此时 σ 收敛检验所得出的结果就会产生误导。因此，仅仅基于 σ 收敛检验和 β 收敛检验的结果，我们还不能得出区域经济增长收敛与否的结论，还需要做进一步检验来判断。

单位根检验可以用来验证面板数据的平稳性，学者们提出了以下几种检验方法，如 Levin 提出的 LLC 检验，Harris 和 Tzavalis 提出的 HT 检验，Im 等人提出的 IPS 检验，Breitung 提出的 Breitung 检验以及 Hadri 提出的 Hadri 检验。其中，前四种检验方法的原假设是“存在单位根，面板数据不平稳”，而第五种 Hadri 检验的原假设是“不存在单位根，所有面板单位均为平稳过程”。本章依次使用以上五种检验方法对实际人均 GDP 面板数据进行单位根检验，检验结果汇总在表 4.6 中。

以上检验结果均显示，面板数据存在单位根，因而不是平稳的。此时，σ 收敛检验和 β 收敛检验的结果是不准确的。

表 4.6　面板数据单位根检验结果

方法	统计量	P 值	结论
LLC 检验	10.21	1.00	有单位根
HT 检验	1.01	1.00	有单位根
Breitung 检验	22.55	1.00	有单位根
IPS 检验	28.18	1.00	有单位根
Hadri 检验	81.84	0.00	有单位根

学者 Phillips 提出了 $\log t$ 检验方法，这种检验方法允许数据的个体异质性以及不同时间趋势的存在，因而可以有效地弥补以上两种检验方法存在的不足。本章采用这种检验方法对实际人均 GDP 数据进行进一步检验。

表 4.7 展示了 $\log t$ 检验的结果，检验结果中的 t 值大于 t 检验值 -1.65（置信水平为 95%），则不能拒绝样本数据总体收敛的原假设，也就是说，所有的个体都将收敛于相同的稳定状态。

表 4.7　实际人均 GDP 的 $\log t$ 检验结果

变量	估计系数	标准误	t 值
$\log t$	0.41	0.06	6.66

4.5　研究结论与政策启示

4.5.1　研究结论

为了研究江苏省区域经济趋同情况，本章选取了江苏省 53 个区域为研究对象，综合采用 σ 收敛检验、β 收敛检验以及 $\log t$ 检验三种检验方法，对这 53 个区域 2001—2020 年间的实际人均 GDP 收敛情况进行了实证分析。实证结果显示，在样本期内，初始人均 GDP 水平低的地区增长速度显著高于人均 GDP 水平高的地区，并且这 53 个区域的实际人均 GDP 的差异程度随着时间的推移在降低，如果地区间不存在经济增长条件差异，在未来某个时刻，所有区域都将达到相同的人均 GDP 水平。即样本期内,江苏省区域经济存在着趋同的现象。

本章还对区域经济趋同的影响因素进行了实证分析。在人口增长率、投资率、人力资本水平、对外开放程度、政府行为以及产业结构这六大指标中,基于新古典经济增长理论选取的人口增长率、投资率以及人力资本水平这三个变量对区域经济趋同效应具有较为显著的影响,其中人口增长与人力资本投入对江苏省区域经济趋同效应具有正向的促进作用,而投资率的提高未对江苏省区域经济趋同产生积极作用。此外,对外开放程度、政府行为以及产业结构这三个变量对江苏省区域经济趋同效应并未产生比较显著的影响。

4.5.2 政策启示

通过对江苏省区域经济收敛性情况的分析以及对影响因素的解构,我们可以得到以下几点政策启示:

从收敛结果来看,2001—2020 年期间江苏省 53 个区域的人均 GDP 水平总体呈现收敛的态势,这意味着苏北地区与苏中地区的人均 GDP 将追赶上苏南地区的人均 GDP,各区域的差距将愈来愈小。这表明在党中央的领导之下,区域经济协调发展战略卓有成效,同时也启示我们要继续贯彻落实党中央的领导政策,推动经济高质量发展,促进区域经济协调发展,早日实现共同富裕。

从收敛因素来看,人口增长率、投资率以及人力资本水平对于江苏省区域经济增长有着举足轻重的作用。在 2017 年中央经济工作会议上,习近平总书记明确指出,区域协调发展的三个主要目标应该是:基本公共服务均等化,基础设施通达程度比较均衡以及人民生活水平大体相当。区域经济协调发展的最终目的是为了满足人民日益增长的美好生活需要,因此发展的最终成果应该由人民共享。不应将缩小区域发展差距仅视为缩小地区 GDP 和 GDP 增长率的差距,而且还应将其视为缩小基本公共服务等方面的差距。相较于苏南地区,苏北、苏中地区社会福利体系有待完善,人口流失问题严重。因此,为了加快苏北和苏中地区的工业转型和经济发展,政府需要集中精力完善社会保障体系,解决好人才外流的问题。除此之外,苏北以及苏中地区还应加强对教育的重视程度,地方政府要把教育放在首要的位置,加大对教育的投资力度,培养更多能够适应经济结构转型需要的人才。总之,在经济发展的过程中,要贯彻“以人为本”的理念,让苏北、苏中、苏南地区的人民,共享改革开放的成果,共享美好幸福的生活。

5 江苏省三次产业人均产值趋同效应分析

5.1 引言

经济趋同是研究区域间经济差异的重要切入点，江苏经济自 21 世纪开始便逐步走向高质量快速发展时期，该地区的产业结构转型发展有明显的优势，但同时也产生了较大的区域差异。理论上，经济发展差异是经济社会发展必然会出现的一个阶段性现象，适度的区域差异是地区间合作的基础，能为落后地区提供追赶动力，但差距过大会阻碍江苏省整体的和谐发展，激化区域间的矛盾，不利于社会的稳定。近年来江苏省区域间三次产业发展不平衡的问题愈发地突出与尖锐，这阻碍了区域间产业的协调发展，因此，缩小地区差距对保持江苏省产业持续稳定增长很重要，探究产业趋同以及如何缩小地区差距成了学者们关注的重点问题。本章研究以江苏省 53 个区域为研究对象，以三次产业人均产值为指标，利用收敛性检验探究 2001—2020 年江苏省产业发展的趋同性，为江苏省区域间产业发展政策制定提供理论依据。

5.2 文献综述

我国各界学者对于地域经济存在差异这一问题有着广泛关注，其中很多学者基于产业方面进行了产业结构和经济增长方面的研究。例如有学者认为地区经济差距受产业差距影响较大，其中第二、第三产业的产业内差距是地区经济差距的主体，因为产业内的差距是客观存在的，因此在对产业结构进行调整的同时，能够尽可能地缩短地域之间的差距，对于地方经济发展有短期调节作用。有研究揭示了各区域第三产业的发展水平差距以及三次产业升级与转换差距是造成区域经济发展不平衡的主要原因。也有学者认为目前中国的四大区域中的产业发展处于不平衡的状态，区域发展速度不对等，再加上各区域产业的内部发展也存在差异，因此，这些产业中对区域发展影响最为明显的就是工业。有研究分析了改革开放以来省际的经济增长差异，认为中国经济增长比较明显的发展特征就是俱乐部收敛，各地区之间不同的工业化发展水平以及整个产业结构的变化都对其收敛性有显著影响。以上学者的研究结果均表明，中国区域经济发展差异的来源主要是产业发展差异，目前已有不少学者从产业结构视角基于国家层面和省域层面通过收敛理论来探究产业发展差异程度。例如，已有学者通过1996—2002年省级面板数据研究发现中国各省份之间产业结构正产生差异化，相互之间不存在收敛性；但也有学者认为中国产业1985—2003年间除中部地区的工业外，其余各行业在中国东部、中部和西部三大地区都存在收敛性。有学者通过分两个时间段探究中国产业结构演变的轨迹，结果显示中国产业结构存在σ收敛，我国的第三产业的发展还在持续之中，而且我国还尚处在工业化中期，并没有完全进入后工业时代。一些研究利用基本的数据分析验证了城市化率的提高能够帮助调整产业结构，同时提升城市的经济收敛速度。另有研究则指出中国不同产业在收敛性方面具有巨大差异，其中工业部门表现出了稳定的收敛特性，我国一些地区的产业结构的发展为地区经济收敛起到了关键的作用。根据一些学者对我国目前的产业结构升级的研究来看，产业结构的合理化和产业结构高度化均存在收敛性，其中产业结构高度化存在显著的σ收敛、β收敛和俱乐部收敛。此外，也有学者研究了某一具体产业的收敛性，通过29个省（自治区、直辖市）1993—2007年期间制造业的数据实证检验了中国制造业的地区性以及其整个产业结构的收敛特征，从数据分析结果我们可以看出，1993—2007年间制造业产生结构在地区间并没有显示出一致性，而是呈现发散态势，地区间产业结构差异仍在进一步扩大。还有学者通过面板数据分析了中国旅游产业的区域集聚，认为分区域（东部、东北、中部和西部地区）旅游产业的集聚在2002年之前总体上呈现发散态势，而2002年之后则呈现收敛趋势。也有通过将产业分为九个部门进行产业收敛性分析的，结果发现各产业的σ收敛特征差异显著，某些产业的收敛特征相对不是很明显，比如房地产行业，还有一些行业不存在收敛性，例如农林畜牧以及渔业，剩下的七个产业显示出了比较明显的收敛性。纵观以上研究，大多是关于全国和省域层面的产业研究，且从产业结构视角检验收敛性的较多，缺乏县域视角的研究，不适用于江苏省内部地区。本章将重点关注江苏省区域经济体产业收敛情况，探究产业发展的趋同性，为江苏省区域间产业发展政策的制定提供理论基础。

5.3　数据来源与江苏省产业现状分析

5.3.1　数据来源

本章所有数据资料均来源于 2001—2020 年《江苏统计年鉴》，由于江苏省部分区域从 2001—2020 年划分有所变动，且考虑到 13 个地级市各县(市、区)数据的可获得性，我们进行了相应的调整，将地级市的各区合并划分一个区域，各县(市)为单独一个区域，最终得到 53 个区域的面板数据。数据选取的时间序列为 2001—2020 年，数据样本选取为江苏省 53 个区域的第一、二、三产业的人均产值并作不变价格处理，以保证其具有可比性。描述性统计见表 5.1。

表 5.1　三次产业描述性统计表　　单位：亿元

变量	平均值	标准差	最小值	最大值
第一产业	6 312.1	4 837.489	1 062.063	28 681.06
第二产业	150 284.9	174 378.5	1 086.293	973 212.6
第三产业	133 033.5	167 521.3	1 035.932	923 193.1

5.3.2　江苏省区域发展的不平衡性

为了更好地了解江苏省产业区域发展的不平衡性，首先对江苏省苏南、苏中、苏北地区的基本情况做一个介绍。江苏省苏南地区包括南京、无锡、常州、苏州、镇江，苏中地区包括南通、扬州、泰州，苏北地区包括徐州、连云港、淮安、盐城、宿迁。苏南、苏中、苏北地区的人口比例为 1∶0.65∶1.34，土地面积比例为 1∶0.82∶1.95，地区生产总值比例为 1∶0.36∶0.4，由此可见，江苏省苏南地区大约以 33％的人口在 27％的土地面积上生产了江苏省整个地区 57％的生产总值(2020 年数据)，苏南地区相较于苏中和苏北地区其发展程度较高。自 2001 年起，苏南地区生产总值占比一直远高于苏中和苏北地区，但有下降趋势，而苏中和苏北地区则呈现上升趋势。一般而言，三次产业的产值占GDP的比重能够较为有效地反映地区产业结构情况，为了弄清造成地区差距的真正原因，本章对苏南、苏中和苏北地区2001—2020年的三次产业结构占比进行分析。

5.3.3 江苏省产业现状分析

2001年以来，江苏省53个区域的产业结构发生了很大变化。首先，在苏南、苏中与苏北三大地区，第一产业产值占比均呈下降趋势，其中，苏南地区下降幅度最小，2001年为5.24%，到2020年下降到了1.57%，苏中地区2001年为15.40%，到2020年下降到了5.01%，苏北地区则从25.24%下降到15.56%。其次，三大地区中，第二产业产值占比最高，且均呈先上升后下降趋势，这可能与中国经济增长低迷有关。最后，三大地区第三产业产值占比整体呈现上升趋势。相关统计如图5.1～图5.4所示。据以上数据分析可看出：苏南、苏中地区在2006年之前，苏北地区在2009年之前是实现第一产业向第二产业和第三产业转移过程，进入工业化初中级阶段的，之后实现第一产业和第二产业向第三产业转换的过程，表明已经进入工业化的中后期阶段。这表明江苏省整个地区经济产业方向都在向第三产业发展。

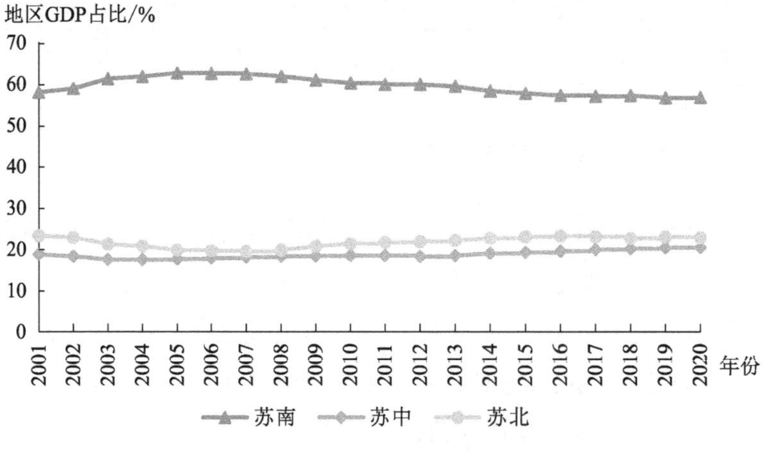

图5.1 苏南、苏中、苏北地区生产总值趋势图

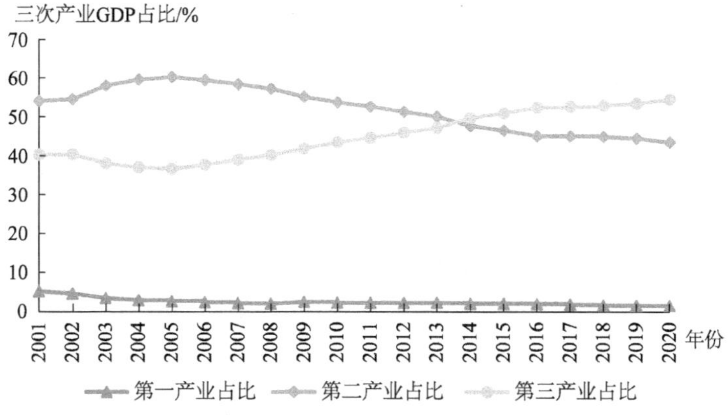

图 5.2　苏南地区三次产业占比图

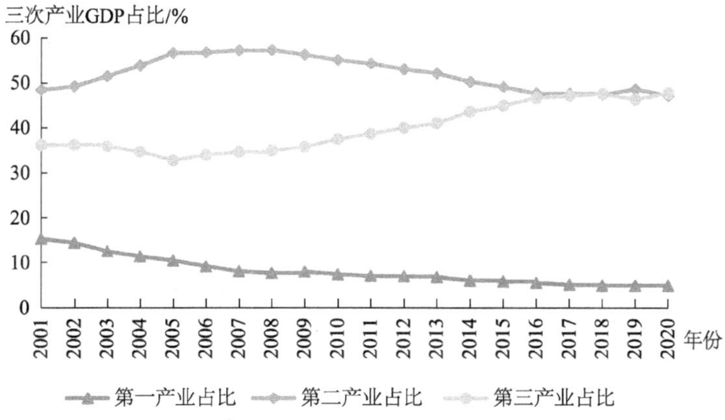

图 5.3　苏中地区三次产业占比图

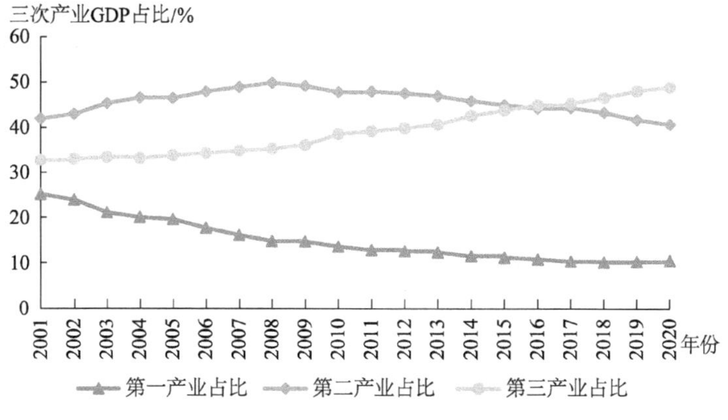

图 5.4　苏北地区三次产业占比图

5.4 江苏省区域经济产业的收敛分析

5.4.1 σ收敛检验

江苏省产业人均产值不但取决于各区域产业水平的整体提高，更取决于产业水平较低的区域不断向水平较高的区域靠拢，进而带来各区域间产业水平差距的缩小。σ收敛可用来衡量江苏省经济系统内各区域经济体的三次产业人均产值分布的离散程度状况，若随着时间的推移，江苏省区域经济体的三次产业人均产值离散程度呈逐渐下降趋势，就认为发生了σ收敛。σ收敛检验方法有很多种，本章选用变异系数法，具体计算过程参见公式(1.9)，在计量中使用名义GDP数据需要根据历年地区生产总值指数进行平减得到实际GDP，产业分析中也同样需要根据历年三次产业指数进行平减得到真实产业产值，本章以2000年为基期(指数=1)，利用统计年鉴中相应的三次产业指数计算产值平减指数，计算结果如表5.2所示。

表5.2 历年三次产业产值平减指数表

年份	第一产业	第二产业	第三产业
2001	1.03	1.10	1.11
2002	1.05	1.26	1.24
2003	1.05	1.47	1.39
2004	1.06	1.71	1.60
2005	1.09	1.98	1.83
2006	1.15	2.30	2.12
2007	1.17	2.66	2.47
2008	1.22	3.01	2.80
2009	1.27	3.39	3.18
2010	1.32	3.83	3.61
2011	1.38	4.28	4.01
2012	1.44	4.76	4.40

续表

年份	第一产业	第二产业	第三产业
2013	1.56	5.25	4.81
2014	1.61	5.67	5.29
2015	1.66	6.15	5.79
2016	1.69	6.56	6.36
2017	1.69	7.00	6.89
2018	1.72	7.41	7.44
2019	1.75	7.83	7.92
2020	1.78	8.12	8.22

将根据历年江苏省区域经济体三次产业真实人均产值计算所得的变异系数绘制成折线图,结果如图 5.5～图 5.7 所示。

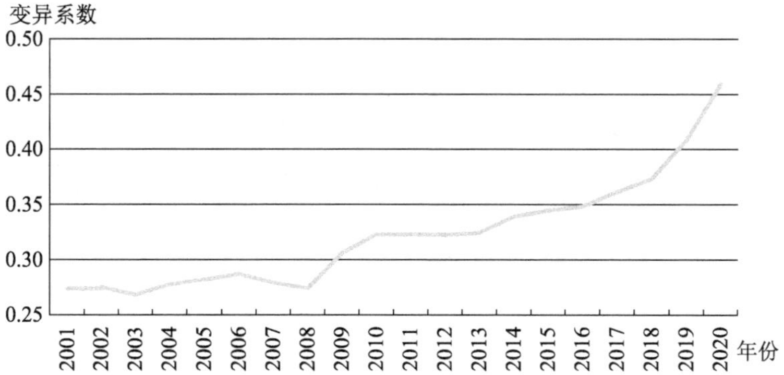

图 5.5　第一产业 σ 收敛图

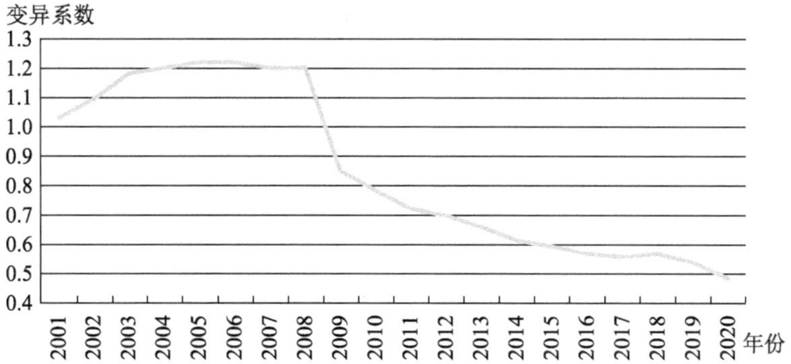

图 5.6　第二产业 σ 收敛图

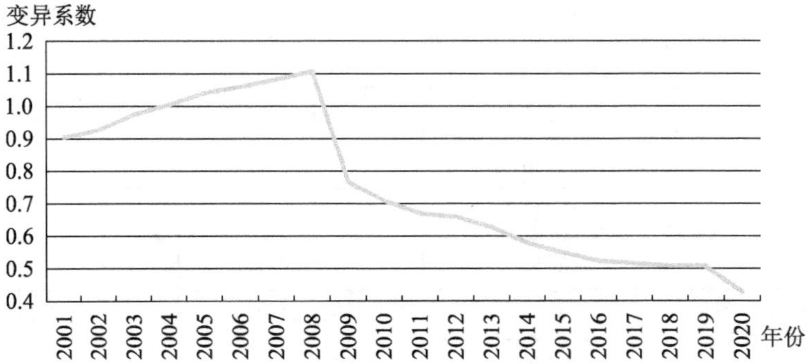

图 5.7　第三产业 σ 收敛图

第一产业包括农林牧渔业，由于该产业与自然因素和地理位置有着直接的关系，因此会受到温度、地质和气候等一些不可抗力因素的影响，农业机械和规模发展进程的加快，导致南、北方的第一产业发展存在较大差异，自然和地域的不平衡，导致农林牧渔业在一定程度上难以出现收敛趋势。从图 5.5～图 5.7 可以看出，第二产业和第三产业变异系数呈现先上升后下降的趋势，从 2001 至 2020 年总体上呈下降趋势，说明这些产业的经济发展存在显著的 σ 收敛。在 2009 年之前，第二、三产业变异系数处于上升阶段主要是因为房地产业的蓬勃发展，江苏省乃至全国经济主要由房地产业拉动，房地产业的发展与地域有着明显的关系，一般来说都是从某一地区某一城市发散性地向周边地区延伸，从而提高这一片地区的经济繁荣度。因此江苏省不同区域的房地产业及其引起的其他相关产业的发展情况通常都大不相同，存在着很大的地区差异，收敛系数处于相对较高的水平。我国 2009 年以后，电子商务的发展及其具备的技术和渠道改革，对第二、三产业的市场发展起到了非常明显的推动作用，加速了产业市场向完全竞争状态演进，由此可见，第二、三产业的变异系数整体呈现下降的态势。

5.4.2　绝对 β 收敛检验

绝对 β 收敛检验一般采用某一时期的人均 GDP 增长率作为因变量，将研究期的人均 GDP 作为自变量，建立回归方程，回归结果列于表 5.3 中。

表 5.3　三次产业人均产值 β 收敛检验结果

产业	β 值	标准误	t 值	P 值	R^2 值
第一产业	0.043 7	0.000 8	57.35	0.000	0.498 5
第二产业	0.034 9	0.001 5	22.53	0.000	0.150 9
第三产业	0.049 8	0.001 2	42.49	0.000	0.348 0

结果显示，所有方程回归结果的拟合优度检验值都比较低，拟合度较差，但三次产业回归方程系数均在 1%的置信水平上显著为正，表明江苏省各区域第一、二、三产业人均产值均存在显著的绝对 β 收敛性，且收敛速度分别为 4.4%，3.5%和 5.0%，意味着江苏省三次产业经济的增速正在趋同。其中第二产业的收敛速度最小，且拟合优度最差。综上所述，绝对 β 收敛检验的结果显示：2001—2020 年，江苏省区域经济体第一、二、三产业产值均存在收敛现象。这意味着江苏省第二、三产业发达的区域的发展速度低于周边欠发达区域的发展速度，邻近区域的第二、三产业的发展对发达区域呈现追赶趋势，江苏省区域产业经济差异在持续不断缩小，原因可能是受产业升级和产业转移影响，各区域正逐步实现第一、二产业向第三产业转移的过程造成了产业间经济增长差异的不断减小。

绝对 β 收敛是从时间的角度来考察三次产业发展的特征的，反映了三次产业整体发展的速度和水平，一般来说，发展水平与发展速度成反比，一地区发展水平越低，其发展速度越快。按照这一发展规律，可以看出一些落后地区的发展水平最终会向发达地区靠拢。因此我们认为 β 收敛的存在为落后地区的发展和落后地区向发达地区实现追赶提供了理论基础。上述分析是以江苏省各区域 2001—2020 年为样本来考察 β 收敛特征，对于不同时间段而言，其 β 收敛特征可能存在差异，根据前面的 σ 收敛，我们将考察期划分成 2001—2008 年、2009—2020 年两个阶段，分别进行绝对 β 收敛检验，进一步对江苏省区域产业经济收敛性问题进行深入考察，检验结果如表 5.4。

在两个阶段的分期考察中，β 系数都通过了 1%水平的显著性检验，对于第一产业，在 2001—2008 年呈收敛趋势，在 2009—2020 年呈发散态势，这与上文总体收敛态势有所不同，但与 σ 收敛图表现一致，第二、三产业在 2001—2008 年 β 系数显著为负，说明呈发散态势，在 2009—2020 年显著为正，表现出显著的绝对 β 收敛，说明第二、三产业人均产值在前期呈发散态势后期呈现收敛趋势，这

同样进一步对 σ 收敛图进行了佐证，表明第一、二、三产业人均产值绝对 β 收敛存在阶段性变化。第二产业人均产值的收敛速度稍低于第三产业，主要是因为江苏省经济发展已经开始转变为后工业阶段，第三产业逐渐成为发展重心，各区域第三产业的发展差距逐渐变小。

表 5.4　三次产业人均产值分时间段 β 收敛检验结果

时间段	产业	β 值	标准误	t 值	P 值	R^2 值
2001—2008 年	第一产业	0.050 0	0.001 7	28.92	0.000	0.355 3
	第二产业	−0.053 9	0.002 5	−21.93	0.000	0.165 4
	第三产业	−0.058 6	0.001 9	−31.28	0.000	0.316 4
2009—2020 年	第一产业	−0.023 0	0.001 7	−13.39	0.000	0.094 8
	第二产业	0.035 1	0.001 7	20.31	0.000	0.254 3
	第三产业	0.042 6	0.001 7	24.78	0.000	0.277 7

5.4.3　log t 检验

上文的研究结果显示，第二产业和第三产业人均产值同时存在 σ 收敛趋势和绝对 β 收敛趋势。然而，这两种传统检验方法均存在一些缺陷。对于 σ 收敛检验，虽然给出的结果直观，但如果数据在不同阶段的变化趋势不一致，就无法给出明确的判断。此外，如果数据本身就是不稳定的，方差的自然增长也会给出误导性的结论。对于绝对 β 收敛检验，存在这样一种情形，如果初期产业人均产值水平较低的地区拥有较快的增长速度，以至于在末期超过了初期领先的地区，导致末期两地区间差距较初期更大，那么，这就会使得 β 收敛检验出现偏误，收敛并不意味着地区间差距的缩小。值得一提的是，σ 收敛检验和 β 收敛检验均忽视了俱乐部收敛。

σ 收敛和 β 收敛都整体分析了江苏省区域经济体三次产业人均产值的收敛性，那么区域间是否存在俱乐部，如何划分俱乐部呢？事实上，人们已经用相对主观的划分方法，例如按照地理位置而不直接考虑经济因素划分为苏南、苏中和苏北地区，这本身就可以视为一种俱乐部的划分。俱乐部收敛可以呈现该地区的经济增长趋势和区域间发展差异。Phillips 等提出了一种新的收敛检验方法——log t 检验，log t 检验法可以对总体收敛情况进行判定，同时当总体不收敛时还可以对个体的收敛情况进行进一步判定。其最大的优点在于：当总体样本不存在收敛趋势时，利用试错的方法对所有的个体进行合并分类，一些处于同一稳态水平的个体可以划分至一个收敛俱乐部，然后利用统计方式选定所有局部收敛情况，从而分为不同的收敛俱乐部。需要说明的是，$\log t$ 检验的分析步骤较多，而且涉及大量的计算，因此 $\log t$ 检验相对复杂。庆幸的是，中国经济学者 Du 开发出了一套完整的用于 $\log t$ 检验的 stata 指令包，该指令包能很好地帮助我们进行 $\log t$ 检验。

1）单位根检验

在进行回归检验之前，我们将分别采用 Levin 提出的 LLC 检验、Im 等人提出的 IPS 检验、Hadri 提出的 Hadri 检验、Harris 和 Tzavalis 提出的 HT 检验以及 Breitung 提出的 Breitung 检验方法对面板数据进行单位根检验，判断各产业各区域人均 GDP 是否平稳。LLC 检验、IPS 检验、HT 检验和 Breitung 检验四种方法的原假设是"所有的面板数据均包含单位根，面板数据不平稳"，因此，拒绝原假设意味着面板数据是平稳的，接受原假设意味着至少部分面板数据含有单位根，而 Hadri 检验的原假设是"不存在单位根，所有的面板数据均平稳"，因此，拒绝原假设意味着至少部分面板数据是非平稳的。表 5.5 中的检验结果表明，对于第一、二、三产业，Hadri 检验在 1% 的置信水平下均拒绝了原假设，LLC 检验、IPS 检验、HT 检验和 Breitung 检验接受了所有面板数据包含单位根的原假设，五种检验方法检验结果显示出一致性，因此，我们得出第一、二、三产业面板数据中至少部分面板数据是非平稳的结论，因此，需要加入 $L(t)$ 来消除方差随时间自然增长的影响，根据 Phillips 的研究，使用函数 $L(t) = \log t$。

表 5.5　单位根检验结果

产业	方法	统计量[①]	P 值	结论
第一产业	LLC 检验	10.683	1.000	含有单位根
	IPS 检验	27.910	1.000	含有单位根
	Hadri 检验	81.960	0.000	含有单位根
	HT 检验	1.076	1.000	含有单位根
	Breitung 检验	21.186	1.000	含有单位根

续表

产业	方法	统计量①	P 值	结论
第二产业	LLC 检验	15.577	1.000	含有单位根
	IPS 检验	35.731	1.000	含有单位根
	Hadri 检验	79.854	0.000	含有单位根
	HT 检验	9.929	1.000	含有单位根
	Breitung 检验	23.939	1.000	含有单位根
第三产业	LLC 检验	21.309	1.000	含有单位根
	IPS 检验	42.928	1.000	含有单位根
	Hadri 检验	75.590	0.000	含有单位根
	HT 检验	1.099	1.000	含有单位根
	Breitung 检验	26.133	1.000	含有单位根

注：①LLC 检验的统计量为 t 统计量；IPS 检验、Hadri 检验、HT 检验的统计量为 z 统计量；Breitung 检验的统计量为 λ 统计量。

2）总体收敛检验

我们根据 2001—2020 年的各产业人均产值对各区域进行排序。并参照 Phillips 的方法 r 取 0.333、T 取 6，即从第 6 年开始进行回归，一共有 53 个区域的观测值，并通过 $L=(T)^{1/4}$ 计算出滞后期为 2，以控制回归中的自相关和异方差。考虑到面板数据可能存在时间趋势，我们首先用 pfilter 指令基于 HP 滤波法对第一产业、第二产业和第三产业的人均产值进行了平滑处理。然后，基于平滑处理后的数据，利用 logtreg 指令检验了江苏省三次产业总体的收敛情况。当 t 值大于-1.65 时说明该次产业在江苏省区域范围内趋于收敛，当 t 值小于-1.65时说明不存在收敛趋势，具体结果如表 5.6。表 5.6 表明江苏省第一产业整体呈发散态势，第二、三产业整体呈收敛趋势。对此学者给出的解释是：第一产业多为农林牧渔业，其发展受地理资源禀赋影响较大，农业机械化和规模化进程的加快使得江苏省南北方差异加剧，这种自然资源和地理因素的不均衡造成了第一产业的发散态势。第二、三产业收敛主要是受产业升级和产业转移的影响，各区域正逐步实现第一、二产业向第三产业转移的过程造成了产业间经济增长差距的不断减小。此结果佐证了变异系数的检验结果，但质疑了 β 收敛检验结果，表明 β 收敛检验方法仍存在一定偏误。

表 5.6　三次产业 log *t* 检验结果

产业	变量	估计系数	标准误	*t* 值	敛散性判断
第一产业	log *t*	−1.787	0.026	−66.852	发散
第二产业	log *t*	1.019	0.075	13.504	收敛
第三产业	log *t*	1.039	0.089	11.561	收敛

3）俱乐部收敛检验

上文指出，第一产业人均产值在江苏省范围内呈发散态势，表明未来江苏省第一产业经济增长的地区差距可能会继续扩大，当然，可能此时仅第一产业人均产值的发散性显现出来了，而第二产业和第三产业人均产值的发散性还没有完全显现出来，因此第二、三产业人均产值在江苏省范围内还是趋于收敛的。然而，拒绝总体收敛并不意味着子系统中没有收敛，子系统中可能会存在几个区域性俱乐部，呈现俱乐部收敛。因此，我们需要通过 log *t* 检验找出江苏省第一产业的收敛组，利用 stata 指令包中的 psecta、scheckmerge 和 imergeclub 指令考察第一、二、三产业具体的俱乐部收敛情况，具体结果如表 5.7。结果显示：第一，江苏省区域经济体第二、三产业均收敛于一个俱乐部，即在江苏省范围内总体收敛，这与上文表 5.6 的研究结果相一致。第二，第一产业存在俱乐部收敛趋势，而且收敛于 5 个俱乐部。具体而言：东台、东海、丰县、兴化、句容、响水、如东、宝应、射阳、徐州（市区）、新沂、沛县、泗洪、淮安（市区）、灌云、灌南、盐城（市区）、盱眙、睢宁、连云港（市区）、邳州、金湖、阜宁、高邮 24 个区域收敛于第一个俱乐部；南通（市区）、启东、如皋、宿迁（市区）、建湖、扬州（市区）、沭阳、泗阳、泰兴、泰州（市区）、海安、涟水、溧阳、滨海 14 个区域收敛于第二个俱乐部；丹阳、仪征、南京（市区）、太仓、宜兴、扬中、镇江（市区）、靖江 8 个区域收敛于第三个俱乐部；常熟、张家港、江阴 3 个区域收敛于第四个俱乐部；无锡（市区）、苏州（市区）收敛于第五个俱乐部；常州（市区）和昆山两个区域呈发散趋势，不与其他任何地区收敛。值得注意的是，第一产业收敛的俱乐部与传统的苏南、苏中和苏北地理位置区划不同，但总体来看，第一产业收敛的第一个俱乐部主要位于苏南和苏北地区，收敛的第二个俱乐部主要位于苏中地区，收敛的第三、四、五个俱乐部基本位于苏南地区，这说明苏中的区域会收敛于相同的稳态水平，苏北地区也会收敛于相同的稳态水平，而苏南区域的第一产业发展水平参差不齐，存在一定差异，苏南、苏中与苏北地区之间第一产业发展水平也有较大差距。这是由于苏中、苏北地区的第一产业发展水平高于苏南地区，工业基础薄弱，产业升级慢，且苏中、苏北区域经济发展具有大量的劳动力基础，自然条件相似，即使经济优势度很低的区域，人口资源也获得了很好的利用，因此苏中与苏北地区第一产业均具有俱乐部收敛。而苏南地区第一产业发展水平内部分化较为严重，部分发达区域第一产业占比较低，发展重心在第三产业，受产业升级和产业转移的影响，苏南地区各区域逐步实现第一、二产业向第三产业转移的过程不同步，虽然很多区域的人口密度相对较高，人口资源较为丰富，但整体经济发展走向还存在一些问题，人口资源优势并没有得到很好地发挥，因此苏南地区第一产业收敛于好几个俱乐部，且不存在整体收敛。

表 5.7　三次产业俱乐部收敛

区域	地区	俱乐部收敛		
		第一产业	第二产业	第三产业
东台	苏北	第一个	第一个	第一个
东海	苏北	第一个	第一个	第一个
丰县	苏北	第一个	第一个	第一个
丹阳	苏南	第三个	第一个	第一个
仪征	苏中	第三个	第一个	第一个
兴化	苏中	第一个	第一个	第一个
南京（市区）	苏南	第三个	第一个	第一个
南通（市区）	苏中	第二个	第一个	第一个
句容	苏南	第一个	第一个	第一个
启东	苏中	第二个	第一个	第一个
响水	苏北	第一个	第一个	第一个
太仓	苏南	第三个	第一个	第一个
如东	苏中	第一个	第一个	第一个
如皋	苏中	第二个	第一个	第一个
宜兴	苏南	第三个	第一个	第一个

续表

区域	地区	俱乐部收敛		
		第一产业	第二产业	第三产业
宝应	苏中	第一个	第一个	第一个
宿迁(市区)	苏北	第二个	第一个	第一个
射阳	苏北	第一个	第一个	第一个
常州(市区)	苏南	发散	第一个	第一个
常熟	苏南	第四个	第一个	第一个
建湖	苏北	第二个	第一个	第一个
张家港	苏南	第四个	第一个	第一个
徐州(市区)	苏北	第一个	第一个	第一个
扬中	苏南	第三个	第一个	第一个
扬州(市区)	苏中	第二个	第一个	第一个
新沂	苏北	第一个	第一个	第一个
无锡(市区)	苏南	第五个	第一个	第一个
昆山	苏南	发散	第一个	第一个
江阴	苏南	第四个	第一个	第一个
沛县	苏北	第一个	第一个	第一个
沭阳	苏北	第二个	第一个	第一个
泗洪	苏北	第一个	第一个	第一个
泗阳	苏北	第二个	第一个	第一个
泰兴	苏中	第二个	第一个	第一个
泰州(市区)	苏中	第二个	第一个	第一个
海安	苏中	第二个	第一个	第一个
涟水	苏北	第二个	第一个	第一个
淮安(市区)	苏北	第一个	第一个	第一个
溧阳	苏南	第二个	第一个	第一个
滨海	苏北	第二个	第一个	第一个
灌云	苏北	第一个	第一个	第一个
灌南	苏北	第一个	第一个	第一个

续表

区域	地区	俱乐部收敛		
		第一产业	第二产业	第三产业
盐城(市区)	苏北	第一个	第一个	第一个
盱眙	苏北	第一个	第一个	第一个
睢宁	苏北	第一个	第一个	第一个
苏州(市区)	苏南	第五个	第一个	第一个
连云港(市区)	苏北	第一个	第一个	第一个
邳州	苏北	第一个	第一个	第一个
金湖	苏北	第一个	第一个	第一个
镇江(市区)	苏南	第三个	第一个	第一个
阜宁	苏北	第一个	第一个	第一个
靖江	苏中	第三个	第一个	第一个
高邮	苏中	第一个	第一个	第一个

5.5 研究结论与政策启示

5.5.1 研究结论

(1) 2001—2020 年江苏省区域产业结构发生了较大变化，在苏南、苏中与苏北三大地区，第一产业产值占比均呈下降趋势，第二产业产值占比最高，且呈先上升后下降趋势，第三产业产值占比整体呈现上升趋势。苏南、苏中地区在 2006 年之前，苏北地区在 2009 年之前进入工业化初中级阶段，之后进入工业化的中后期阶段，说明江苏省整个地区产业都在向第三产业方向发展。

(2) σ 收敛检验结果表明，2001—2020 年江苏省第一产业发展呈发散态势，第二产业和第三产业变异系数先上升后下降，但总体呈收敛趋势。绝对 β 收敛检验结果表明，江苏省区域经济体第一、二、三产业均存在显著收敛趋势，将考察期划分成 2001—2008 年、2009—2020 年两个阶段进行分析后发现，第一产业在 2001—2008 年呈现收敛趋势，在 2009—2020 年呈发散态势，第二、三产业在 2001—2008 年呈发散态势，在 2009—2020 年表现出显著的收敛趋势。原因主要是在2009年之前，房地产业的蓬勃发展带动了地区经济的发展，江苏省不同区域的房地产业及其引起的其他相关产业发展情况通常存在着很大的地区差异。2009年之后随着电子商务的蓬勃发展，技术和渠道的变革冲破了第二、三产业的区域市场壁垒，加速了产业升级，区域间发展差距逐渐缩小。

（3）俱乐部收敛结果表明第二、三产业人均产值出现了很好的收敛态势，第一产业人均产值总体不收敛，但其子系统内部收敛于五个俱乐部，其中，苏北地区收敛于两个俱乐部，苏中地区收敛于三个俱乐部，苏南地区收敛于五个俱乐部，主要原因是苏南地区子系统内区域差距扩大和地理禀赋差异大，部分发达区域第一产业占比较低，发展重心在第三产业，受产业升级和产业转移的影响，苏南地区各区域逐步实现第一、二产业向第三产业转移的过程不同步，因为没有对人口资源的优势加以利用，导致区域第一产业发展发生错位。

5.5.2　政策启示

基于以上研究成果，为了缩小区域间产业差距，促进江苏省范围整体的和谐发展，我们提出以下建议：

（1）对于农林牧渔等第一产业不必过度追求经济的收敛性。因为第一产业受自然条件和地理位置的影响较大，所以为了能够让各地区的第一产业得到有效快速的发展，我们需要根据地理优势，因地制宜地推动各地区第一产业的发展，带动当地优势企业发展的规模化、集约化。

（2）近年来，江苏省苏北地区第一产业产值占比虽然有所下降，但与苏南和苏中地区相比，第一产业占比偏高，苏北地区从业人口需要继续向第二、三产业转移，积极推动高新技术产业的发展，改造传统产业，追赶苏南和苏中地区产业升级的脚步。

（3）由于各区域间产业发展有着一定的差距，因此江苏省政府应考虑本省各区域之间的经济差异、自然资源差异等，发挥本区域的比较优势，因地制宜地对三次产业进行调整，扩大发展各自的优势产业以优化本区域的产业结构。着眼于第二、三产业集聚区的收敛实际，建立区域产业合作机制，协同提高第二、三产业的发展水平。通过空间联系优化，注重企业的跨区要素重组，结合各地产业布局，适当地调整协调制度和政策以引导地区产业发展趋向收敛。

6 江苏省工业用电的区域趋同效应研究

6.1 引言

一直以来，能源是人类社会赖以存续和发展的重要物质资源。近年来，社会对能源消费日趋关注，这一方面是因为全球共同面临的环境压力和中国政府提出的“碳达峰”与“碳中和”目标，另一方面则是因为现代社会能源消费与经济增长之间密不可分的关系。

能源消费与经济增长的因果关系是经济研究中的重要课题，许多学者通过两变量或多变量框架对这个问题进行了实证分析。国外学者对于这方面的研究起步较早。有学者基于长时间序列数据，对美国能源消费和经济增长的格兰杰因果关系进行计量检验，结果表明美国从经济增长到能源消费存在格兰杰原因，不过不存在反向的格兰杰原因；一些学者发现菲律宾存在着从能源到产出的单项因果关系，而在韩国这一关系恰好相反；通过对多国的能源消费与 GDP 的时间序列特性进行研究后发现，阿根廷既存在能源消费到经济增长的因果关系，也存在经济增长到能源消费的因果关系，其他一些国家存在于两者之间的因果关系仅是单项的，意大利和韩国是从 GDP 到能源消费的因果关系，土耳其、法国、德国和日本则是从能源消费到 GDP 的因果关系。

近年来，国内学术界也进行了相应的实证研究。例如，有学者将能源作为新变量引入柯布-道格拉斯生产函数，据此建立 VAR 模型，结果得出我国能源消费和经济增长之间存在正相关的结论；还有研究在三因素的生产函数框架下，使用协整分析和误差修正模型探究了中国能源消费和经济增长之间的关系，结果表明经济增长与能源消费之间的因果关系是双向的；一些学者利用柯布-道格拉斯生产函数，采用数据包络分析法，通过时间序列数据对能源效率进行分析，揭示了其和经济增长间的内在比例关系；省级层面的研究，则使用中国省际数据，从异质性能源消费的角度构建了省际能源消费和 GDP 关系的面板分析模型，研究论证了能源消费对经济增长存在强促进效应，此外，能源消费存在地域异质性，并且这对能源需求和经济发展会产生显著的影响。

一直以来，电力消费是能源消费的重要部分，在高度电气化的现代，经济发展更是与电力消费密不可分。20世纪以来，国内外学者对电力消费和经济增长之间的因果关系进行了大量实证研究，但对其结论莫衷一是。

例如，一些学者对新加坡与韩国的研究，得出在这两个国家电力消费和经济发展之间的影响是双向的结论，也有关于斯里兰卡的研究得出了类似的结论；另外一些研究则发现电力消费和经济发展之间仅仅存在单向因果关系，其中一些揭示了这种单向关系是从经济增长到电力能源消费；但与此同时，也存在例如对印度和日本的研究，结果仅显示出从经济增长到电力能源消费的因果关系。

国内的此类研究相对较少，但随着能源安全和电力短缺问题越来越受到重视，电力消费和经济发展的关系问题也受到更多关注。早在2003年林伯强便对此进行了实证研究，发现在我国，这两者之间长期处于均衡状态，并且短期存在从电力消费到国民经济增长的因果关系；也有学者使用基于误差修正的面板协整检验方法验证了电力消费和中国经济发展之间的协整关系，并对两者之间进行格兰杰因果关系检验，从长期看具有电力消费到国民经济增长的因果关系，从短期看则是相反的；一些研究表明，从长期看，中国的经济发展和电力消费的因果关系是双向的，从短期看这种关系并不确定。

从已有文献来看，由于区域异质性的影响和数据选取与实证方法的差异，对不同地区电力消费和经济发展的研究得到了相异甚至相反的结论。从已有文献来看，虽然对于两者间因果关系的传导路径众说纷纭，但其显著的相关性使得电力消费成为评估地区经济发展水平的一个重要指标。21世纪以来随着电气化程度的飞速提高，全国各地用电量快速增长，几年来许多地区甚至因为能源短缺出现了拉闸限电的现象。以江苏一省为例，其电力消费从2001年的1 078.44亿千瓦·时增长到2020年的6 373.71亿千瓦·时；在全社会用电中，一直以来工业用电占十分庞大的比重，2001年江苏的工业用电量为804.19亿千瓦·时，到2020年已经达到4 523.11亿千瓦·时(图6.1)，年平均增长率约高达9.52%，且占用电总量的比重一直保持在70%以上，巅峰时期甚至一度超过80%。而所谓的拉闸限电，大多数也是对大规模生产加工企业的用电进行限制。可以说，中国的能源消费，尤其是电力消费，主要集中在工业领域。有一些学者发现我国的工业用电量在1998—2007年间经历了急剧的增长，其通过指数分解法分析了这段时间内我国工业用电量增长的潜在影响因素，并发掘出工业用电增量的主要贡献行业。

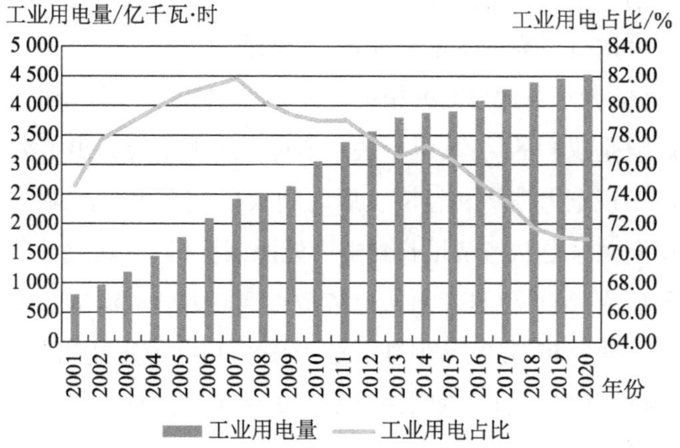

图 6.1　江苏省工业用电量及其占比

2010年英国著名政经杂志《经济学人》推出“克强指数”，这一指数从三个全新的维度对中国经济发展状况做出评估，分别是工业用电量、铁路货运量和银行贷款发放量，其滥觞于李克强总理2007年任职辽宁省委书记时来衡量辽宁省经济状况的三个指标。相较于传统的GDP核算，因其能够更为真实地衡量一地的经济发展水平而受到国际机构的广泛认可。其中，工业用电量因其可以准确地反映某个国家或地区工业生产的活跃度、工厂的开工率等，对从特定侧面描述一地的经济状况具有相当高的价值。

现阶段国内对工业用电的研究主要关注工业用电效率方面，此外也有学者对工业用电量与经济增长的关系进行研究。例如，基于格兰杰因果关系及误差修正模型，对10个主要工业部门用电量与GDP增长的双向关系和影响程度进行初步的分析和测算；基于浙江省11个地级市的面板数据研究发现从长期来看，工业用电量的新增会带来经济的发展，并且测度出这一弹性系数为1.55；或是以2001—2013年的数据对我国210个地级市的经济增长和工业用电量、人力资本之间的协整关系和格兰杰因果关系进行考察，发现工业用电对经济繁荣的影响显著大于人力和物质资本，并且这种作用关系在我国中部和西部地区更为明显。

综合来看，随着经济和科技的发展，工业用电量这样一个指标确实不能全面地对一地的经济状况进行衡量，但从数量角度评估一地经济发展则具有难以替代的价值和优势，并且适用于收敛分析。因此，本章选择江苏省工业用电量作为研究对象，对省内各区域的工业用电量收敛情况进行检验，以求从这样一个研究切面对江苏省的区域经济趋同状况进行观察，进而对区域经济发展差异和区域公平问题进行研究。

6.2　模型与数据

本章所使用的所有数据均来源于 2001—2020 年的《江苏统计年鉴》。由于江苏省内行政区划有所变动，为保持面板数据的平衡，最终使用 53 个区域 2001—2020 年，一共 1 060 条人均工业用电量数据。为了方便比较区域间的差异，本章使用苏南、苏中、苏北的概念辅助本章的研究。其中苏南包括南京、苏州、无锡、常州、镇江五个地级市全域，苏中包括扬州、泰州、南通三个地级市全域，苏北包括徐州、连云港、淮安、盐城、宿迁五个地级市全域。此外，考虑到数据的可得性和江苏省 20 年来统计口径的变化，人均工业用电量的计算方式为：2001—2006 年为“工业用电量/年末总人口”，2007—2020 年为“工业用电量/年末户籍人口”。表 6.1 是对面板数据所做的一个简单描述性统计。

表 6.1　样本描述性统计　　单位：千瓦·时/人

变量	平均值	标准差	最小值	最大值
人均工业用电量	3 570.24	4 907.84	61.39	30 628.36

6.3　实证分析

6.3.1　传统收敛检验

1）绝对 β 收敛检验

本章首先采用传统方法对江苏省各区域工业用电量的收敛性进行检验。β 收敛分为绝对 β 收敛和条件 β 收敛，条件收敛是在绝对收敛的基础上加上了收敛控制变量，但两者的回归方程大体一致。为简化分析，本章使用绝对 β 收敛进行检验。表 6.2 显示的是用 Barro 等提出的绝对 β 收敛检验方法进行估计的结果。结果显示，江苏省区域的人均工业用电量趋于收敛，且在 1%的水平上显著，收敛速度为 1.45%。

表 6.2　β 收敛统计结果

统计量	数值
β 值	0.014 5
t 值	8.97
P 值	0.00

然而，β 收敛检验由于其固有的缺陷，只能证明低工业用电量地区的增长速度高于原本领先的地区，但这不能证明区域间的差距缩小了，因为落后地区的工业用电量很有可能会最终超过原本领先的地区。我们通过一个简单的描述性统计来观察是否存在这样的可能。

表 6.3 列出了面板数据中江苏省各区域在统计时段内最初一年（2001 年）和最末一年（2020 年）工业用电量及排名，从中可以看出 20 年来不同区域的变化情况和增长比例。可以发现的是，多数在初期领先的区域，统计时段末期仍然能够维持原有的地位，例如在 2001 年人均工业用电量排名前七的区域[张家港、江阴、昆山、苏州（市区）、无锡（市区）、太仓、常熟]，在 2020 年的统计数据中仍然占据前七的席位，只是排名略有变化；初期相对落后的区域，大部分在末期也处于下游的水平。但也存在排名大幅度变化的情况，例如响水，该县 2001 年的人均工业用电量在 53 个统计区域中排名第 42，但在 2020 年的统计中已经一跃升至第 11 名。响水属于盐城市下辖县，本是著名的盐城最穷县，但是近十几年来得益于当地生态化工园区的发展，响水经济发展迅猛，其如今的支柱产业化工、冶金和能源产业都属于高耗电高耗能甚至高污染产业。响水县 2019 年的“3·12”特大爆炸事故暴露了当地政府在平衡经济与环保、安全方面的失误和不足。再例如徐州（市区），该市（市区）人均工业用电量在 2001 年排名第 19，在 2020 年的统计中已经跌落至第 39 名。徐州作为地处苏北的老工业城市，一直受到学界和媒体的关注。在 20 世纪末至 21 世纪初，徐州以高污染、高耗能重工业产业为基础（电力、焦化、钢铁、水泥、机械等行业），但随着资源的过度开发，2008 年徐

州正式被国务院确定为首批资源枯竭型城市之一，在这之后徐州便走上了生态治理和产业转型的道路。

表 6.3　各区域工业用电量及其排名变化

区域	2001 年数值/万千瓦·时	初期排名	2020 年数值/万千瓦·时	末期排名	增长比例/%
张家港	528.35	1	2 952.81	1	458.87
江阴	361.82	2	1 858.36	2	413.61
昆山	348.49	3	1 734.80	3	397.80
苏州(市区)	320.64	4	1 572.65	5	390.47
无锡(市区)	291.37	5	1 118.71	7	283.95
太仓	254.18	6	1 619.20	4	537.03
常熟	239.40	7	1 442.25	6	502.44
仪征	196.81	8	715.11	13	263.35
南京(市区)	189.99	9	468.99	19	146.85
常州(市区)	158.97	10	1 035.05	9	551.10
宜兴	156.83	11	729.81	12	365.35
镇江(市区)	151.55	12	713.95	14	371.10
丹阳	116.30	13	858.07	10	637.81
扬州(市区)	72.48	14	383.85	22	429.59
溧阳	67.06	15	1 070.51	8	1 496.35
句容	66.64	16	296.09	29	344.31
靖江	65.60	17	493.08	17	651.65
南通(市区)	62.16	18	427.90	21	588.38
徐州(市区)	58.87	19	211.14	39	258.65
扬中	57.83	20	362.63	23	527.06
泰州(市区)	53.21	21	444.82	20	735.97
泰兴	47.82	22	541.30	15	1 031.95
淮安(市区)	43.35	23	210.80	41	386.27
高邮	36.50	24	341.87	24	836.63
海安	35.70	25	489.01	18	1 269.78

续表

区域	2001 年数值/万千瓦·时	初期排名	2020 年数值/万千瓦·时	末期排名	增长比例/%
新沂	35.49	26	236.14	34	565.37
金湖	32.74	27	266.36	32	713.56
盐城(市区)	32.33	28	297.14	28	819.08
兴化	32.14	29	339.51	25	956.35
如东	32.10	30	495.31	16	1 443.02
连云港(市区)	31.81	31	222.29	37	598.81
启东	28.10	32	233.76	35	731.89
东台	27.74	33	315.05	26	1 035.72
射阳	27.64	34	171.21	43	519.43
如皋	27.19	35	301.94	27	1 010.48
盱眙	24.06	36	158.97	45	560.72
建湖	23.09	37	228.59	36	890.00
阜宁	19.52	38	149.63	46	666.55
宝应	18.72	39	169.50	44	805.45
沛县	18.15	40	273.81	30	1 408.60
邳州	14.78	41	103.48	50	600.14
响水	14.26	42	816.45	11	5 625.46
东海	13.67	43	111.93	48	718. 80
宿迁(市区)	12.25	44	252.05	33	1 957. 55
睢宁	12.12	45	81.72	52	574. 26
涟水	11.06	46	93.81	51	748. 19
泗阳	10.51	47	221.49	38	2007. 42
灌云	10.49	48	52.21	53	397. 71
泗洪	9.82	49	211.03	40	2 048. 98
滨海	7.18	50	109.53	49	1 425. 49
沭阳	6.94	51	205.09	42	2 855. 19
丰县	6.29	52	124.89	47	1 885. 53
灌南	6.14	53	272.27	31	4 334. 36

2）σ 收敛检验

当然，一些想要证明 β 收敛结论不合理的个例的说服力还不足，但这至少对收敛检验的结果提出了疑问，考虑到研究的严谨性，我们在 β 收敛的基础上，进一步检验江苏省各区域的 σ 收敛情况。这需要计算各区域工业用电量的变异系数，结果如图 6.2 所示。可以观察到各区域工业用电量变异系数总体呈现收敛下降趋势，但是在 2001—2006 年经历了一个短期的发散上升的过程，之后便呈现出明显的收敛趋势。

工业用电量指标在某种程度上能够反映一地工业生产的活跃度，因此可以理解为江苏的大规模工业生产经历了一个先集聚再扩散的过程。对于 σ 收敛展示的工业用电量收敛的不同阶段，下一节将通过新的收敛方法进行分阶段分析。

对于 σ 收敛来说，倘若出现如图 6.2 所示的情况，即前半段收敛趋势和后半段收敛趋势相互冲突时，是无法直观地判断总体的收敛趋势的。

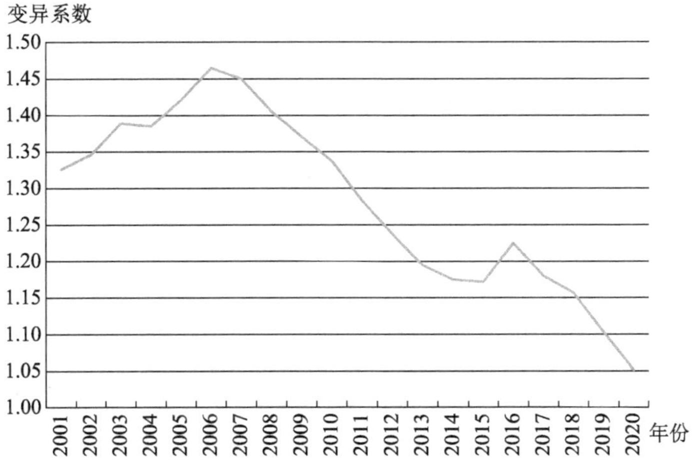

图 6.2　σ 收敛示意图

6.3.2　俱乐部收敛分析

传统的 σ 收敛检验方法虽然直观，但是不一定能给出明确的判断；此外，倘若面板数据不平稳，例如存在布朗运动，通过计算变异系数进行的传统 σ 检验同样可能得出有偏误的结论。对此，Phillips 提出了一种新的收敛检验方法——$\log t$ 检验，$\log t$ 检验不仅可以判定总体的收敛情况，还可以在总体不收敛时进一步判定个体是否收敛于不同的俱乐部，即俱乐部收敛。其优点在之前的篇章已经介绍，此处不再赘述。因此在本节我们将继续进行俱乐部收敛的检验。

1）单位根检验

在此之前，我们首先进行单位根检验，来测试江苏省各区域人均工业用电量的数据是否平稳。本章同时采用了 Breitung 提出的 Breitung 检验、Hadri 提出的 Hadri 检验、Im 等人提出的 IPS 检验对面板数据进行单位根检验，得出的结果如表 6.4 所示。其中，Breitung 检验和 IPS 检验的原假设是“面板数据包含单位根，面板数据是不平稳的”，因此拒绝原假设意味着面板数据是平稳的；Hadri 检验则相反，其原假设是“所有面板数据平稳，不存在单位根”，因此拒绝原假设意味着至少部分面板数据包含单位根，是非平稳的。检验结果显示，无论是 Breitung 检验还是 IPS 检验，都无法拒绝原假设，而 Hadri 检验则在 1%的显著水平上拒绝原假设，因此可以说三种单位根检验同时判定了我们的面板数据存在单位根，是不平稳的，这更说明了接下来使用俱乐部收敛检验的必要性。

表 6.4　面板数据单位根检验

检验方法	统计量	P 值	结论
Breitung 检验	13.764 9	1.000 0	包含单位根
IPS 检验	3.289 1	0.999 5	包含单位根
Hadri 检验	76.255 6	0.000 0	至少部分包含单位根

2）总体收敛检验

接下来具体实施俱乐部收敛检验，鉴于数据不平稳，我们首先用 pfilter 指令基于 HP 滤波法对人均工业用电量进行平滑处理，接着对总体收敛情况进行检验，检验结果如表 6.5 所示，结果显示 t 值大于－1.65，说明人均工业用电量在全省范围内趋于收敛，并且是总体收敛，不存在俱乐部收敛。

表 6.5　总体收敛检验

时间	t 值	结果
2001—2020 年	0.022 5	收敛
2001—2006 年	－1.65 4	发散
2007—2020 年	－1.65 8	发散

3）俱乐部收敛检验

在对2001—2020年江苏省各区域人均工业用电量进行 $\log t$ 检验后发现，面板数据呈现总体收敛的态势。这在某种程度上印证了传统收敛的结果，但是仍然存在值得探讨的问题。在前文进行 σ 收敛检验时我们发现2006年前的人均工业用电量呈现出明显的发散态势，虽然将研究时长扩展到20年，总趋势仍然是收敛的，但这不由得引起了我们对不同时间段内收敛态势是否不一致的好奇。因此在本节中，我们参照 σ 收敛检验的结果将研究时间分为两段再次进行 $\log t$ 检验。表6.5显示的是2001—2006年、2007—2020年和2001—2020年三个不同研究时间段的总体收敛结果，结果发现，在2001—2006年和2007—2020年这两个不同的时间段内，重新检验的 t 值均是小于−1.65，总体不收敛。

2001—2006年江苏省各区域人均工业用电量总体呈现发散态势，但是拒绝总体收敛并不意味着就没有收敛，江苏省子系统内部可能收敛于几个区域性的俱乐部，呈现出俱乐部收敛态势。从表6.6显示的结果可以看到，在这段时间内江苏省工业用电量收敛为五个俱乐部，具体而言：太仓和苏州（市区）收敛为第一个俱乐部；常州（市区）、常熟、溧阳收敛为第二个俱乐部；东台、丹阳、仪征、兴化、南京（市区）、南通（市区）、句容、响水、如东、如皋、海安、泰州（市区）、扬中、扬州（市区）、新沂、灌南、镇江（市区）、靖江这18个区域收敛为第三个俱乐部；东海、启东、宝应、宿迁（市区）、射阳、建湖、徐州（市区）、沛县、沭阳、泗洪、泰兴、涟水、淮安（市区）、滨海、盐城（市区）、盱眙、睢宁、连云港（市区）、邳州、金湖、阜宁、高邮这22个区域收敛为第四个俱乐部；丰县、泗阳和灌云3个区域收敛为第五个俱乐部；此外，宜兴、张家港、无锡（市区）、昆山、江阴五地不收敛于任何一个俱乐部。

2007—2020年江苏省各区域人均工业用电量同样在总体不收敛的同时收敛为几个区域性的俱乐部：太仓、苏州（市区）、常州（市区）、常熟、溧阳、丹阳、仪征、南京（市区）、南通（市区）、响水、如东、扬中、扬州（市区）、泰州（市区）、海安、灌南、镇江（市区）、靖江、启东、宿迁（市区）、建湖、沭阳、泗洪、泰兴、盐城（市区）、连云港（市区）、金湖、高邮、丰县、泗阳、宜兴、无锡（市区）、昆山和江阴34个区域收敛为第一个俱乐部；东台、兴化、句容、宝应和沛县5个区域收敛为第二个俱乐部；如皋、新沂、东海、射阳、徐州（市区）、涟水、淮安（市区）、滨海、盱眙、阜宁10个区域收敛为第三个俱乐部；睢宁、邳州和灌云三地收敛为第四个俱乐部；张家港不收敛于任何一个俱乐部。

表 6.6　俱乐部收敛结果

区域	收敛俱乐部		
	2001—2006 年	2007—2020 年	2001—2020 年
太仓	第一个	第一个	第一个
苏州(市区)	第一个	第一个	第一个
常州(市区)	第二个	第一个	第一个
常熟	第二个	第一个	第一个
溧阳	第二个	第一个	第一个
东台	第三个	第二个	第一个
丹阳	第三个	第一个	第一个
仪征	第三个	第一个	第一个
兴化	第三个	第二个	第一个
南京(市区)	第三个	第一个	第一个
南通(市区)	第三个	第一个	第一个
句容	第三个	第二个	第一个
响水	第三个	第一个	第一个
如东	第三个	第一个	第一个
如皋	第三个	第三个	第一个
扬中	第三个	第一个	第一个
扬州(市区)	第三个	第一个	第一个
新沂	第三个	第三个	第一个
泰州(市区)	第三个	第一个	第一个
海安	第三个	第一个	第一个
灌南	第三个	第一个	第一个
镇江(市区)	第三个	第一个	第一个
靖江	第三个	第一个	第一个
东海	第四个	第三个	第一个
启东	第四个	第一个	第一个
宝应	第四个	第二个	第一个
宿迁(市区)	第四个	第一个	第一个

续表

区域	收敛俱乐部		
	2001—2006 年	2007—2020 年	2001—2020 年
射阳	第四个	第三个	第一个
建湖	第四个	第一个	第一个
徐州（市区）	第四个	第三个	第一个
沛县	第四个	第二个	第一个
沭阳	第四个	第一个	第一个
泗洪	第四个	第一个	第一个
泰兴	第四个	第一个	第一个
涟水	第四个	第三个	第一个
淮安（市区）	第四个	第三个	第一个
滨海	第四个	第三个	第一个
盐城（市区）	第四个	第一个	第一个
盱眙	第四个	第三个	第一个
睢宁	第四个	第四个	第一个
连云港（市区）	第四个	第一个	第一个
邳州	第四个	第四个	第一个
金湖	第四个	第一个	第一个
阜宁	第四个	第三个	第一个
高邮	第四个	第一个	第一个
丰县	第五个	第一个	第一个
泗阳	第五个	第一个	第一个
灌云	第五个	第四个	第一个
宜兴	发散	第一个	第一个
张家港	发散	发散	第一个
无锡（市区）	发散	第一个	第一个
昆山	发散	第一个	第一个
江阴	发散	第一个	第一个

从三个时段的不同的俱乐部收敛的对比中，我们可以得出以下发现：

（1）2006年前（包括2006年）江苏省不存在一个全省的总体收敛，这与σ收敛图的直观结果一致，不过实际上这段时间内江苏省工业用电量收敛于几个区域性俱乐部。其中最大的两个俱乐部分别包括18和22个区域。从地理位置和区域经济发展水平看，第三个俱乐部的18个区域大多位于经济相对更发达的苏中、苏南地区，工业用电量收敛于更高水平；而第四个俱乐部的22个区域大多位于苏中、苏北地区，收敛于一个相对较低的水平。

（2）2007年后（包括2007年）江苏省人均工业用电量的收敛态势更加明显，一共有34个区域收敛于第一个俱乐部；此外，在收敛格局上不存在明显的苏南和苏北地区的区分，第一个俱乐部的34个区域在地理上的分布也并不集中。

（3）江苏省各区域的工业用电量在2001—2006年和2007—2020年两个时间段都处于总体不收敛但存在区域性俱乐部收敛的态势，但是在对2001—2020年进行检验时却得出了总体收敛的结果。一方面，这告诉我们在对长时间跨度的面板数据进行$\log t$检验时，很有可能会忽略其中不同时期具体收敛态势的变化，只得出一个总体的收敛趋势；另一方面，也要注意研究时间段不能划分成过多的小时段，否则可能会因为面板数据过短造成估计的偏误。

6.4 研究结论与政策建议

6.4.1 研究结论

作为反映经济形势的先行指标，工业用电量能够准确地反映经济的运行态势，被认为是判断未来经济能否增长的重要风向标。

就江苏而言，工业用电量的收敛经历了两个阶段：第一阶段，江苏省大多数区域收敛于苏南俱乐部和苏北俱乐部两个区域性俱乐部。这一阶段存在较为明显的地理差别，符合人们对江苏省苏南、苏北经济发展存在差距的传统认知；第二阶段，相比于前一阶段，收敛态势更加明显，并且在地理上的区分变得模糊，这意味着在未来，区域之间的差距和工业方面的发展不平衡会逐渐弥合。

同时，工业用电量也是衡量地区工业生产活力的重要指标。工业用电量的收敛态势，一定程度上反映了地区制造业集聚或扩散的趋势。就江苏而言，在不同的经济发展阶段，江苏的制造业集聚和扩散呈现出不同的状态，并且随着时间的推移和技术的扩散，各地的工业发展水平逐渐趋同，最终各地区的发展将趋于均衡。

6.4.2　政策建议

（1）发挥市场决定产业布局的主导力量，辅以相应的产业政策　首先，区域的经济发展从来都离不开政策的影响和推动。一方面，在推动经济发展的过程中，政府在制定产业转移政策时，要充分考虑不同类型产业的扩散特征和对不同影响因素的敏感度；另一方面，考虑到产业政策也存在失灵的可能，因此政府要减少对产业空间扩散转移的不正当干预，促进产业的有序转移，让行业的空间分布更多地依靠市场力量的推动。

（2）优化产业组织结构，促进产业间的有效竞争和良好协作　产业内组织结构会对产业间的竞争与合作产生影响。落实专业劳动力的职业培训，拓宽产品供需信息的发布渠道，在一定程度上能够为企业降低获取合适劳动力和资源的交易费用。此外，要建立企业间的产学研合作，促进企业间的专利技术交流。再者，应打破现有的制度和行业壁垒，方便资源在各地区和行业之间的自由流动，能够使外部规模经济的作用最大化。最后，以资本、技术、销售渠道和专业化合作为纽带，推动产业链的融合与上下游企业的合作，甚至通过组建企业集团，扩大企业规模，来发挥内部规模经济的作用。

（3）"碳中和"目标下，为落实节能减排政策，要考虑到地区和城市的异质性　各地区应因地制宜，将节能减排目标和产业政策紧密结合起来。例如，对于工业经济较为发达的城市和地区，鼓励企业提高企业内部技术水平和设备使用效率，从而节约能源；而工业经济欠发达的城市和地区，通过加大政府对工业基础设施的建设支出等方法，提高工业经济产出，从而提高电力资源的使用效率，达到节能减排的目标。

第三篇

江苏区域经济趋同：质量篇

2017 年党的十九大报告首次提出我国经济已由高速增长阶段转向高质量发展阶段。第三篇重点分析江苏区域经济高质量发展的趋同趋势。城乡收入差距是体现发展质量的重要指标，社会主义不是少数人富起来、大多数人穷，社会主义最大的优越性就是共同富裕，这是体现社会主义本质的东西。共同富裕也是“协调”这一新发展理念的具体体现。坚持绿色发展理念也是高质量发展的要求，“绿水青山就是金山银山”充分体现了绿色发展的理念。因此，本篇主要基于城乡收入差距和建成区绿化率这两个指标对江苏区域经济高质量发展的趋同趋势进行分析。

7 江苏省城乡收入差距趋同效应分析

7.1 引言

收入与分配相关的问题除了与社会公平和稳定息息相关，还决定着一个国家的经济是否能稳定持续增长以及一个国家的产业结构是否能有效升级。我国的经济发展战略也由非均衡发展战略逐渐转向以均衡为主导的发展战略。经济发展过程中需要解决的主要问题也从短缺经济问题逐渐转变为产能过剩问题。城乡之间的差距和不平衡不充分发展问题逐渐上升为社会的主要矛盾，引起全社会的广泛关注。我国经济发展的早期阶段，外部环境恶劣，工业化水平相对而言也很低，我国做出了优先发展城市经济，优先发展重工业的选择。在特定的历史条件之下，以农促工成了当时必然的选择，城乡二元结构形成，城乡收入差距不断加剧。改革开放以来，我国的工业化、城市化水平迅速提高，但是城乡之间的发展差距也随之进一步扩大。1986 年 8 月，邓小平在视察天津时的谈话中指出："我的一贯主张是，让一部分人、一部分地区先富起来，大原则是共同富裕。一部分地区发展快一点，带动大部分地区，这是加速发展、达到共同富裕的捷径。"共同富裕并不意味着同步富裕，在经济建设的实践中，允许一部分地区、企业，一部分工人农民先富起来是合理的，也是发展必然要经历的过程。一些人先富，带动了生产力的快速提升，也起到了示范引领作用，先富带动后富，先富起来的地区、人民带动其他地区和人民，整个国家的经济能够持续地波浪式地前进，最终迈向理想的共同富裕。

正如 Kuznets 描述收入分配与经济发展之间关系的"倒 U 形曲线"，他认为，在经济发展的初期阶段，收入分配的差距逐渐拉大，分配不均的程度提高，之后一段时间内不会产生较大的变化，直到经济发展得较为充分之后，收入分配差距才会缩小，逐渐趋于平等。而陈斌开、林毅夫提出城市就业需求的缩减，会导致城市化进程停滞不前，农村人口流向城市也会出现重重阻碍，以至于城乡收入差距出现进一步的扩大，他们还指出根据中国经济发展实践，城乡收入差距先缩小后扩大，呈现“U形曲线”规律，这里可以看到，他们得出的结论恰恰与Kuznets的“倒U形理论”相反。也有研究从数据层面指出城乡收入比从1978年的2.57∶1提高至2004年的3.21∶1，城乡消费支出比从2.68∶1提高至3.29∶1，城乡消费水平比由2.9∶1提高至3.47∶1，由此可见，城乡收入差距的日益扩大是造成我国居民收入差距持续扩大的一大原因。

自党的十六届三中全会提出“五个统筹”的新要求之后，经济发展越来越重视质量的提升而非一味追求数量的增长。我国的经济发展战略也由非均衡发展战略逐渐转向均衡发展战略。经济发展过程中需要解决的主要问题也从短缺经济问题逐渐转变为产能过剩问题。城乡之间的差距和不平衡不充分发展问题逐渐上升为社会的主要矛盾，引起全社会的广泛关注。城乡差距日益成为衡量经济发展质量的一项重要指标。党的十九届五中全会也提出了到2035年我国要实现“城乡区域发展差距和居民生活水平差距显著缩小”的奋斗目标。毋庸置疑，要想建设全面小康社会，实现共同富裕，缩小城乡差距是其中的关键一环。

7.2 研究回顾

新古典经济增长理论认为地区间经济发展水平终究会趋同，而内生经济增长理论认为在马太效应的影响之下，会出现富者愈富、穷者愈穷的现象。有学者认为农民是我国人力资源的主要储备，经济增长需要将农民人力资源转化为人力资本。而城市资源很难向农村流动，这种情况之下，城市的人力资本发挥作用的范围就会被局限在城市内，很难外溢到农村，随着农民工进城务工等，农村的人力资本也在不断流失。农村原本就缺乏物质资本，导致了农村人力资本需求短缺，农村的人力资本逐渐陷入“贫困恶性循环”。打破这种恶性循环是扶农助农的必由之路，这就需要建立起农村人力资本形成的良性机制，即“循环积累”机制，使得农村的人力资本实现内生增长，从而加快农村人力资本的积累。基于现实有限的资源约束条件，投资的效率必须进一步地提高，而在教育资源的分配上，要适当地向拥有较低人力资本水平的农业劳动者倾斜。根据当下实际，我国已经进入了“工业反哺农业、城市支持农村”的阶段，工业与农业、城市与农村协调发展中，人才对于支农事业是具有根本性意义的。

现有研究根据我国城乡二元结构的现状，使用泰尔指数度量我国城乡收入差距及其变化规律，使用非线性阈值协整模型揭示我国自改革开放以来城乡收入差距和实际经济增长之间的长期非线性关系。有学者探究了居民基本消费需求与城乡收入差距之间的动态关系，研究结果指出，居民基本消费需求和城乡收入差距之间的确保持着长短期的均衡关系，不过相对而言长期关系较弱。短期看，城乡收入差距对于居民基本消费需求的“示范效应”较大，这表明城乡收入差距先增加再减小可以刺激居民基本消费需求的扩大。而后进行格兰杰因果检验，检验结果表明两者之间互为因果关系。还有学者对陕西省城乡收入差距和经济增长之间的关系进行了研究，发现两者之间存在着长期的均衡关系，而且城乡收入差距对于经济增长的推动作用很小，而经济增长会拉动城乡收入差距的扩大，拉动的程度随滞后期的延长而增强。

有学者针对苏浙沪城乡收入差距远低于全国平均水平这一特殊现象进行了探究，以发掘其背后原因，研究结果认为这其中的原因需要从宏观和微观两个角度进行解释。宏观原因是苏浙沪处于全面建设小康社会的关键时期，特定的历史条件为农民增收创造了契机；而且这三省（市）的财政状况较为良好，社会较为富裕，也为农民增收创造了现实物质条件；政策上新农村建设开展得较为成功，为农民增收铺设了可观的发展路径。微观原因是自从进入二十一世纪，苏浙沪就一直积极地调整农民收入结构，政府和社会积极为农民务工创造条件，使农民工的工资收入得以提升；财政转移支付也向农民倾斜，力度不断增强，以有效增加农民的转移性收入，并且使得家庭的经营性收入也得到有效增加。还有学者对于打破江苏省城乡二元结构、统筹城乡发展提出相关建议。例如，对于农村集体土地的产权主体进行明确，进一步完善产权职能；开放农村的土地市场；户籍制度上打破原有的二元户籍制度；加速建立新型农业经营体系；建立合理的保障制度；重新塑造当地政府在土地市场上的角色，对相关的法律法规进行完善。还有研究指出人均收入水平和研发强度这两个指标可以反映数字经济对于缩小城乡收入差距的影响程度；除此以外，“一带一路”建设水平和对外开放程度这两个指标也可以影响城乡收入差距。

7.3　数据收集和描述性统计

有研究采用两部门模型框架对城乡差距的本质、成因、多面性及其政策含义进行了探讨，认为消费水平是比较城乡差距程度的一个理想指标。指标的选择对于研究城乡差距程度影响很大。根据以往研究，学者们普遍使用以下几个指标来衡量城乡差距程度：收入水平、消费支出和消费水平。其中，消费支出指的是城乡人均全年消费性支出，对应 GDP 账户的核算资料，包括了食品、医疗保健、交通通信、文教及服务等，注意要保持统计口径一致。而且根据学者们的研究，消费支出指标相较于收入水平指标而言更适合用于城乡差距研究。

本章数据主要来源于江苏省统计局官网的《江苏统计年鉴》，包含江苏省 53 个区域 2009—2020 年城镇常住居民人均生活消费支出及农村常住居民人均生活消费支出。

本章用城镇常住居民人均生活消费支出与农村常住居民人均生活消费支出的比值来测算城乡差距这一指标以衡量江苏各区域经济趋同的质量。为了方便比较地区间的差异，本章使用苏南、苏中、苏北的概念辅助本章的研究。其中苏南地区包括南京、苏州、无锡、常州、镇江五个地级市全域，苏中地区包括扬州、泰州、南通三个地级市全域，苏北地区包括徐州、连云港、淮安、盐城、宿迁五个地级市全域。

图 7.1 为苏北、苏中、苏南地区城镇常住居民人均生活消费支出的折线图。2009 年至 2020 年间，苏北、苏中、苏南地区城镇常住居民人均生活消费支出均值分别为 14 801 元、19 733 元和 25 246 元。说明城镇常住居民生活消费支出存在区域间差异，相对而言苏南地区更高。通过折线图所反映的趋势也可以看出，城镇居民生活消费支出呈持续上涨的态势，受疫情影响，2020 年数值有所下降，与现实情况相符。

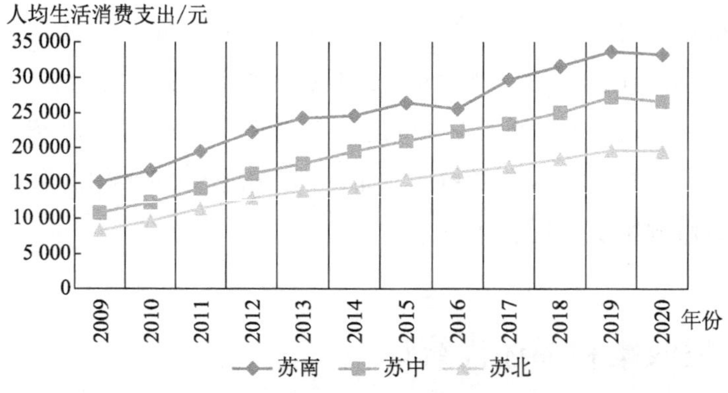

图 7.1　苏北、苏中、苏南地区城镇常住居民人均生活消费支出

图 7.2 为苏北、苏中、苏南地区农村常住居民人均生活消费支出的折线图。2009 年至 2020 年间，苏北、苏中、苏南地区农村常住居民人均生活消费支出均值分别为 8 510 元、11 785 元和 15 575 元。说明农村常住居民生活消费支出存在区域间差异，相对而言苏南地区更高。通过折线图所反映的趋势也可以看出，历年农村常住居民生活消费支出呈持续上涨的态势，受疫情影响，2020 年数值有所下降，与现实情况相符。

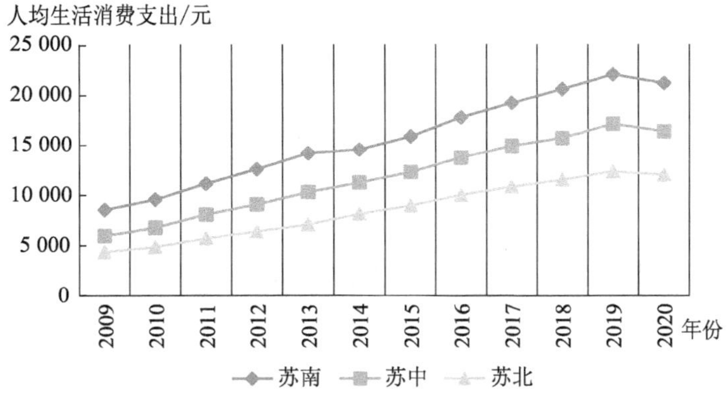

图 7.2 苏北、苏中、苏南地区农村常住居民人均生活消费支出

图 7.3 为苏北、苏中、苏南地区城乡常住居民人均生活消费支出比的折线图。由图可见，2009 至 2020 年，苏北、苏中、苏南地区的城乡消费支出比总体都呈现出了下降趋势，在一定程度上体现了城乡间差距的持续缩小。2013 至 2014 年，苏北地区的城乡消费支出比有一次大的下降。这与江苏省委、省政府在加快经济社会发展的同时，高度重视扶贫开发工作，采取有效措施，不断加大扶贫开发力度密切相关。2008 年组织实施脱贫攻坚工程，到 2011 年底全省 468.2 万贫困人口全部脱贫。2012 年江苏省部署了新一轮的扶贫工作，省委、省政府相继下发《江苏省农村扶贫开发“十二五”规划纲要》(苏发〔2012〕7 号)和《关于加快苏北全面小康建设的意见》(苏发〔2012〕8 号)。2015 至 2016 年，苏南地区的城乡消费支出比有一次大的下降，《南京市“十三五”时期脱贫致富奔小康行动计划》的出台意味着新一轮扶贫“五大行动”拉开序幕。工作的重点放在增加低收入农户收入，解决经济薄弱地区和连片欠发达地区的发展问题上，着重发展生产，加强转移支付力度，使该地区人民受到改革红利辐射，引导社会资金参与到扶贫资助中来，利用社会保障对最贫困人民生活进行兜底。努力形成专业扶贫、

行业扶贫、社会扶贫“三位一体”的大帮扶格局。

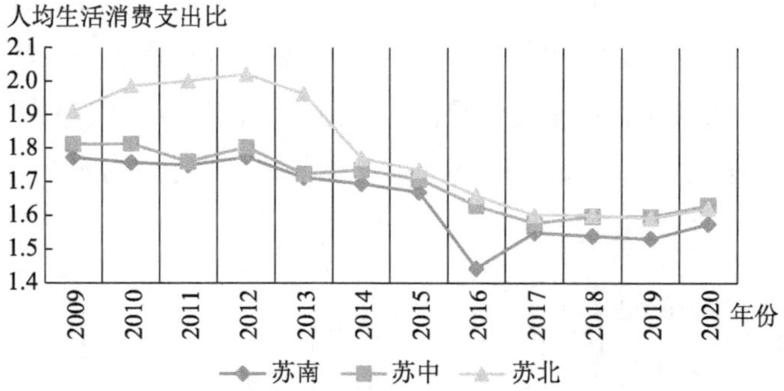

图 7.3　苏北、苏中、苏南地区城乡常住居民人均生活消费支出比

7.4　江苏省城乡生活消费支出差距收敛检验

7.4.1　σ 收敛检验

本章采用σ变异系数(CV)指标来测度σ收敛情况。图 7.4 为江苏省各区域城乡生活消费支出差距变异系数折线图。

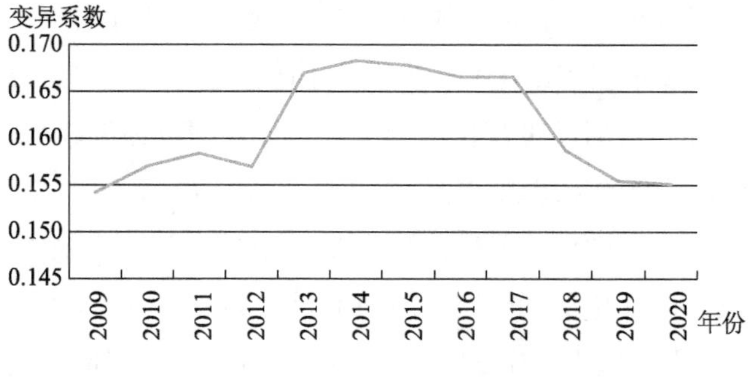

图 7.4　江苏省各区域城乡生活消费支出差距 σ 收敛情况

由图 7.4 可知,江苏省各区域城乡生活消费支出差距的变异系数分阶段呈现出不同的变化趋势。在 2009—2011 年间呈平稳上升趋势,2012 年出现一次短暂下降,然后急剧上涨,之后的很长一段时间都保持在一个较高的水平,直到

2017 年之后，出现持续下降的态势。2017 年之后，江苏省各区域城乡生活消费支出差距可能存在了 σ 收敛，不过在 2017 年之前的收敛趋势并不明显，2019—2020 年下降趋势放缓，有可能受到新冠肺炎疫情的影响，总体来说，在 2017 年之后呈 σ 收敛。

7.4.2 β 收敛检验

β 收敛包括绝对 β 收敛和条件 β 收敛，条件 β 收敛是在绝对 β 收敛的基础上加入收敛控制变量，两者的基本回归方程大体一致。本章采用绝对 β 收敛，结果见表 7.1。

表 7.1 江苏省各区域城乡生活消费支出差距的 β 收敛结果

变量	β 值	t 值	P 值
y_urban-rural	0.006 871 1	1.54	0.124

借鉴 Barro 提出的绝对 β 收敛检验方法估计江苏省各区域居民生活消费支出差距的绝对 β 收敛方程。由表 7.1 可知，城乡差距变量 *y_urban-rural* 的估计系数不显著，说明不存在绝对 β 收敛。但是，绝对 β 收敛检验存在其固有缺陷，如果初期落后的区域经历了快速提升的过程，在末期超过了初期领先的区域，并且差距较初期更大，那么，β 收敛并不意味着区域间差距的缩小。通过分析江苏省各区域城乡生活消费支出差距的历史数据也显示确实存在这种可能，表 7.2 列出了江苏省各区域城乡居民人均生活消费支出差距及增长情况，我们发现，初期排名第 38 的响水差距缩小速度相对较快，在末期排名第 1 位，超过了溧阳、丹阳等区域。

表 7.2 江苏省各区域城乡消费差距变动情况

区域	2009 年数值	初期排名	2020 年数值	末期排名	增长比例/%
溧阳	1.270	1	1.281	3	0.866
丹阳	1.344	2	1.165	2	−13.318
沛县	1.348	3	1.589	27	17.878
丰县	1.381	4	1.760	40	27.444
靖江	1.497	5	1.627	32	8.684

续表

区域	2009年数值	初期排名	2020年数值	末期排名	增长比例/%
宝应	1.499	6	1.342	5	−10.474
金湖	1.501	7	1.425	10	−5.063
邳州	1.570	8	1.568	25	−0.127
泗阳	1.574	9	1.373	7	−12.770
睢宁	1.620	10	1.425	11	−12.037
扬中	1.621	11	1.408	9	−13.140
启东	1.623	12	1.932	50	19.039
张家港	1.695	13	1.665	33	−1.770
如东	1.712	14	1.589	28	−7.185
镇江(市区)	1.729	15	1.501	14	−13.187
昆山	1.739	16	1.693	36	−2.645
海安	1.741	17	1.482	13	−14.877
东海	1.743	18	1.789	42	2.639
宜兴	1.748	19	1.716	38	−1.831
无锡(市区)	1.769	20	1.695	37	−4.183
灌南	1.772	21	1.798	44	1.467
常州(市区)	1.775	22	1.626	31	−8.394
常熟	1.776	23	1.524	16	−14.189
涟水	1.810	24	1.790	43	−1.105
苏州(市区)	1.830	25	1.763	41	−3.661
仪征	1.834	26	1.554	23	−15.267
南通(市区)	1.847	27	1.836	46	−0.596
宿迁(市区)	1.847	28	1.609	29	−12.886
沭阳	1.870	29	1.541	20	−17.594
如皋	1.876	30	1.616	30	−13.859
灌云	1.878	31	1.532	18	−18.424
滨海	1.885	32	1.362	6	−27.745
扬州(市区)	1.929	33	1.531	17	−20.632

续表

区域	2009 年数值	初期排名	2020 年数值	末期排名	增长比例/%
高邮	1.936	34	1.564	24	−19.215
太仓	1.957	35	1.684	34	−13.950
泰州(市区)	1.981	36	1.686	35	−14.891
徐州(市区)	1.997	37	1.535	19	−23.135
响水	1.998	38	1.129	1	−43.493
盱眙	2.044	39	2.004	51	−1.957
南京(市区)	2.092	40	1.846	47	−11.759
连云港(市区)	2.104	41	1.801	45	−14.401
句容	2.109	42	1.516	15	−28.118
阜宁	2.161	43	2.296	52	6.247
兴化	2.173	44	1.548	22	−28.762
东台	2.179	45	1.324	4	−39.238
泰兴	2.182	46	1.871	48	−14.253
盐城(市区)	2.187	47	1.387	8	−36.580
淮安(市区)	2.196	48	1.732	39	−21.129
泗洪	2.214	49	1.889	49	−14.679
江阴	2.337	50	1.541	21	−34.061
建湖	2.401	51	1.430	12	−40.441
射阳	2.414	52	2.613	53	8.244
新沂	2.541	53	1.583	26	−37.702

7.4.3 log t 检验及江苏省各区域城乡差距的俱乐部收敛情况

σ 收敛检验和 β 收敛检验本身都存在一些问题。对于 σ 收敛检验，当数据的前半段收敛趋势和后半段收敛趋势不一致或者相互冲突时，就无法直观判断总体的收敛趋势。而对于 β 收敛检验，如果存在部分区域拥有较快的变动速度，则可能会在末期超过领先区域。由于传统收敛检验方法的缺陷，有必要采用 Phillips 提出的新方法来重新检验江苏省各区域城乡差距整体收敛与俱乐部收敛情况。

log t 检验的优势之一是可以克服方差自然增长对 σ 收敛结果有效性的影响，因此，在进行回归检验之前，我们将分别采用 Levin 提出的 LLC 检验、Im 等人提出的 IPS 检验以及 Hadri 提出的 Hadri 检验方法对面板数据进行单位根检验，判断江苏省各区域城乡差距是否平稳。前两种方法的原假设是“所有的面板数据均包含单位根，面板数据不平稳”，而第三种方法的原假设是“不存在单位根，所有的面板数据均平稳”。

我们根据 2009—2020 年的城乡居民人均生活消费支出比对各区域进行排序。并根据 Phillips 的方法，r 取 0.333、T 取 3，即从第 3 年开始进行回归，一共 53 个观测值，并通过 $L=(T)^{1/4}$ 计算出滞后期为 2，以控制回归中的自相关和异方差。考虑到面板数据可能存在时间趋势，我们首先用 pfilter 指令基于 HP 滤波法进行了平滑处理。然后，基于平滑处理后的数据，利用 logtreg 指令检验了总体的收敛情况。当 t 值大于 -1.65 时说明城乡居民人均生活消费支出比在江苏省区域范围内趋于收敛，当 t 值小于 -1.65 时则说明不存在收敛趋势。表 7.3 中的检验结果表明 LLC 检验、IPS 检验均拒绝面板数据包含单位根的原假设，而 Hadri 检验方法拒绝不存在单位根的原假设。综合以上结果表明数据可能是不平稳的，根据 Phillips 的建议，在进行 log t 检验时有必要加入 $L(t)=\log t$ 项来消除方差自然增长的影响。

表 7.3　面板数据单位根检验结果

方法	统计量①	P 值	结论
LLC 检验	−33.322 8	0.000 0	无单位根
IPS 检验	−6.020 3	0.000 0	无单位根
Hadri 检验	32.681 3	0.000 0	有单位根

注：①LLC 检验的统计量为 t 统计量，IPS 检验、Hadri 检验的统计量为 z 统计量。

log t 检验结果如表 7.4 所示，由表可知，江苏省各区域城乡居民生活消费支出比不存在总体收敛趋势（t 统计值 <-1.65），说明城乡差距呈现发散趋势。

表 7.4　江苏省各区域城乡差距的总体收敛检验（log t 检验）

变量	估计系数	标准误	t 值	敛散性判断
log t	−1.802 3	0.086 3	−20.876 0	发散

总体不收敛并不代表不存在收敛趋势，江苏各区域间可能存在俱乐部收敛。进一步地，利用 $\log t$ 检验收敛组，结果见表 7.5。

表 7.5　江苏省各区域城乡生活消费支出差距俱乐部收敛

序号	区域	收敛俱乐部	估计系数	标准误	t 值
1	启东	第一个	−0.105	0.083	−1.274
2	阜宁				
3	东海	第二个	−0.027	0.043	−0.636
4	丰县				
5	南京(市区)				
6	南通(市区)				
7	太仓				
8	如皋				
9	宜兴				
10	宿迁(市区)				
11	常州(市区)				
12	张家港				
13	无锡(市区)				
14	昆山				
15	沛县				
16	泗洪				
17	泰兴				
18	泰州(市区)				
19	海安				
20	涟水				
21	淮安(市区)				
22	灌南				
23	盱眙				
24	苏州(市区)				
25	连云港(市区)				

续表

序号	区域	收敛俱乐部	估计系数	标准误	t 值
26	邳州	第二个	−0.027	0.043	−0.636
27	靖江				
28	仪征	第三个	0.374	0.082	4.572
29	兴化				
30	句容				
31	如东				
32	宝应				
33	常熟				
34	建湖				
35	徐州(市区)				
36	扬中				
37	扬州(市区)				
38	新沂				
39	江阴				
40	沭阳				
41	泗阳				
42	溧阳				
43	滨海				
44	灌云				
45	睢宁				
46	金湖				
47	镇江(市区)				
48	高邮				
49	东台	第四个	2.196	0.477	4.602
50	丹阳				
51	盐城(市区)				
52	响水	发散	−3.141	0.052	−60.971
53	射阳				

由表 7.5 可知，江苏省各区域城乡生活消费支出差距存在俱乐部收敛，共收敛于 4 个俱乐部。具体而言：启东、阜宁收敛于第一个俱乐部，东海、丰县、南京(市区)、南通(市区)、太仓、如皋、宜兴、宿迁(市区)、常州(市区)、张家港、无锡(市区)、昆山、沛县、泗洪、泰兴、泰州(市区)、海安、涟水、淮安(市区)、灌南、盱眙、苏州(市区)、连云港(市区)、邳州、靖江收敛于第二个俱乐部，仪征、兴化、句容、如东、宝应、常熟、建湖、徐州(市区)、扬中、扬州(市区)、新沂、江阴、沭阳、泗阳、溧阳、滨海、灌云、睢宁、金湖、镇江(市区)、高邮收敛于第三个俱乐部，东台、丹阳、盐城(市区)收敛于第四个俱乐部。此外，响水和射阳不收敛于任何一个俱乐部，呈发散趋势。

表 7.6　苏南、苏中、苏北地区收敛于各俱乐部情况　　单位：个

地区	第一个俱乐部	第二个俱乐部	第三个俱乐部	第四个俱乐部	发散
苏南	0	8	6	1	0
苏中	1	6	6	0	0
苏北	1	11	9	2	2

由表 7.6 可知，苏南、苏中、苏北地区各区域收敛于各俱乐部的比例较为平均。值得注意的是，江苏省 GDP 排名前五的地级市苏州、南京、无锡、南通、常州的市区区域都收敛于同一个俱乐部，这也在一定程度上证明了城乡差距与经济增长之间的协同性。研究这些区域的脱贫政策措施可以学习到一些经验。以南京为例，在“十三五”时期，南京市制定了一系列的政策推动脱贫致富奔小康行动计划的顺利进行。脱贫的主要帮扶对象以农村低收入人口、经济薄弱村和欠发达村，以及集中连片欠发达地区为主，2016 年确保完成 20％的脱贫任务，2017 年和 2018 年各完成 30％，2019 年完成 20％，2020 年巩固提升、总结完善。在扶贫的思想方式方法上也不断创新，扶贫重点从解决“绝对贫困”转变为重视解决“相对贫困”问题，不是简单的提高脱贫标准的转变，而是从量变到质变的过程。扶贫内涵从注重解决低收入问题向注重包括生活质量、公共服务、文明程度、生态环境等各个方面的全面改善和提升转变。扶贫路径从“救助式”调整为“开发式”，从“授人以鱼”转变为“授人以渔”，注重增强贫困地区的自我脱贫能力，激发其内在潜力。扶贫方式措施由“大水漫灌”转为“精准滴灌”，因地制宜、精准扶贫。扶贫机制由行政组织推动向政策创新过渡，立足实际，突出问题导向，政策

保障体系逐渐完善，与低保接轨。扶贫资源和资金也由多头转向统筹集中，提升扶贫成效。除了 GDP 排名靠前的区域收敛于同一个俱乐部以外，我们同时发现，苏北的响水和射阳并不收敛于任何一个俱乐部，城乡差距呈发散态势。响水和射阳的城乡差距走势图如图 7.5～图 7.7 所示。

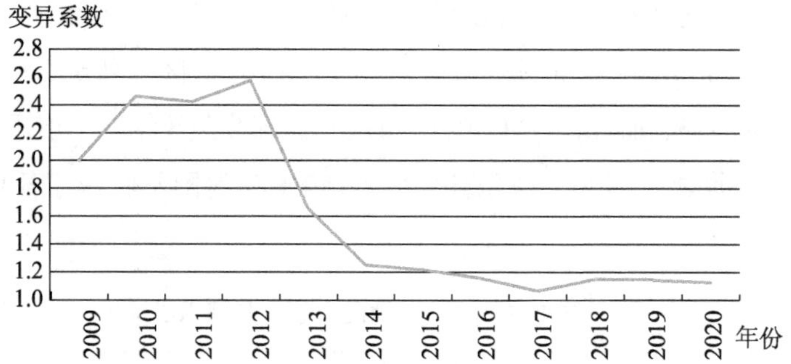

图 7.5　2009—2020 年响水城乡差距走势图

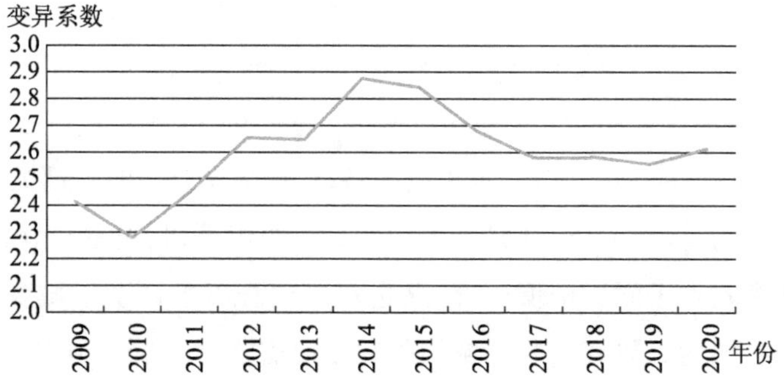

图 7.6　2009—2020 年射阳城乡差距走势图

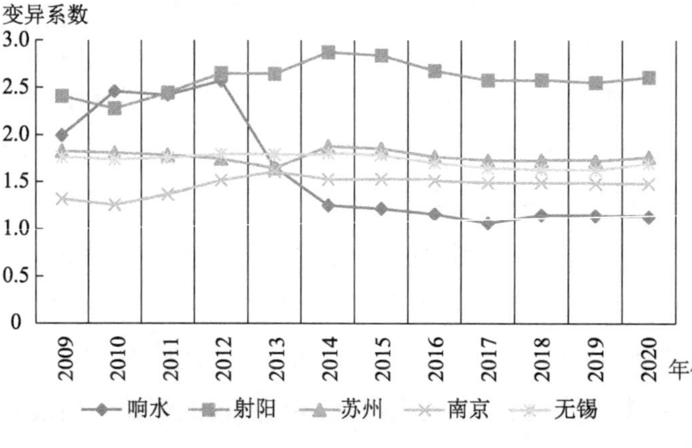

图 7.7　响水、射阳、苏州(市区)、南京(市区)、无锡(市区)城乡差距走势对比图

有学者研究 2000—2015 年间江苏省各区域的城乡差距变化情况发现，2000—2015 年间，省内众多区域的城乡差距不仅没有出现下降的趋势，反而有所上升，且该现象在苏北、苏南、苏中地区中皆存在，观察图 7.7 也可以看出这一点。也有研究认为，从城乡协调度发展的平稳性来看，盐城和宿迁在一些年份出现了较大的波动，总体的平稳性较低。就苏北区域的冷热点空间格局而言，城镇发展水平东部地区较高，西部地区较低，呈现次热点区散布广、冷点区集中分布的现象。盐城的响水属于冷点区，射阳属于次冷点区。农村发展水平呈中间低、四周高的核心—边缘分布态势。响水为次冷点区，射阳为热点区。在城乡综合发展水平上，响水为次冷点区，射阳为次热点区。在城乡协调度上，冷点区分布在西南—东北走向，热点区分布在西北部、东南部。响水属于次冷点区，射阳属于次热点区。

以上研究也能进一步证明本章的研究结果与现实情况是较为相符的。

7.5　研究结论及政策建议

7.5.1　研究结论

1）江苏省城乡差距总体呈现持续下降的态势

2009 至 2020 年，苏北、苏中、苏南地区的城乡人均生活消费支出比总体都呈现出了下降趋势，在一定程度上体现了城乡间差距的持续缩小。但从数据层面来看，苏南、苏北、苏中地区之间的差距仍然存在，不过区域间的差距明显也在缩小。

2）江苏省城乡差距收敛于 4 个俱乐部

江苏省各区域城乡差距存在俱乐部收敛，共收敛于 4 个俱乐部。江苏省 GDP 排名前五的苏州、南京、无锡、南通、常州的市区区域都收敛于同一个俱乐部，GDP 在 53 个区域中分别排名第 40 的射阳和排名第 50 的响水不收敛于任何一个俱乐部。这在一定程度上体现了城乡差距与经济增长之间的协同性。

7.5.2　政策建议

导致城乡差距的原因有很多，有物质层面的，也有思想层面的。首先，城乡居民生活消费的差异受收入的影响，居民收入水平达到一定高度的时候，其物质上的消费趋于饱和，就会转向注重精神层面的享受。农村地区基础设施相对不完善，基础设施建设的不完善直接导致农村消费市场开发得不够深入，农村消费潜力得不到释放。农村居民思想较为保守，他们的消费相对谨慎，更加关注生理需求方面的消费。

所以，缩小城乡生活消费支出差距，开拓农村消费潜力，不光要着眼于宏观手段，还需要从思想层面下手。增加农村居民的收入、发展农村市场和建立社会保障体系都是缩小城乡差距的必要措施。下面列出了一些具体的政策建议。

1）提高税收努力程度，促进城乡消费差距的缩小

政府可以提高税收努力程度以增加财政收入，优化财政支出结构，提高财政支出结构的民生性偏向。通过有效的财政支出政策改变要素配置效率以促进城乡消费差距的缩小。将民生性财政支出适度地向农村地区倾斜，提升农村地区的公共服务水平，增强农村居民对预期收入的信心，加强基础生活保障水平，在这过程中，降低农村居民的预防性储蓄，提升消费水平。不过，值得注意的是，在经济基础和税制结构不变的前提之下，一个地区的税负水平与该地区的税收规模成正比，考虑到这层关系，政府在提高税收努力的过程中，要保证维持可以激发企业和居民消费积极性的税负水平，不能一味地扩大税收规模，反而适得其反，把握好度才能充分发挥其对于缩小城乡差距的促进作用。

2）深化农村供给侧结构性改革，贯彻“产业兴农”“科技兴农”

积极推动乡村振兴，对于农业产业发展来说，要增强粮食企业的活力，创新产业发展，在生产过程中更多地引入粮食科技成果，加以应用及推广。对粮食生产的全产业链进行改革，对农业生产的各类资源进行合理有效的使用，因地制宜，落脚于各区域的实际情况，相对应地制定针对性的发展策略，实现可持续发展。除了粮食生产以外，还应大力扶持农村电商、农村金融等相关产业，尽力消除农村居民消费的阻碍，不断升级农村消费结构。

3）加强职业教育培训力度，提高农村居民人力资本水平

农村居民收入增长要重视提高其人力资本水平，提高农村劳动力的平均素质刻不容缓。农村职业培训可以提高农村产业内工人的职业技能和基础素养，提升农村劳动力的竞争力，使得人力资本和产业发展水平更加匹配。技术工人的工资水平也应当得到相应的提升，这对于减少贫困发生概率，缩小城乡贫富差距以及吸引相关人才，推动全社会的建设都具有重要意义。

4）通过数字化赋能缩小城乡居民消费差距

互联网产业的发展对于城市居民和乡村居民而言，可以大幅度加快消费水平的提升速度，带来消费结构的转型升级。

扩大互联网基础设施投资，继续加强互联网基础设施建设，针对居民的互联网供给和服务能力需要进一步提升，与此同时，网络资费应该逐步降低，以便更多居民享受到互联网技术带来的生活改变。互联网的普及要从基础设施建设开始，加快光纤到村的进程。大力推进“互联网＋”，促进互联网与农业的创新融合，新型的农业生产、经营、销售体系是新时代下农业发展的必然趋势。

要积极推动电子商务在农村农业方面的发展，促进农业生产销售由生产性导向转变为消费性导向，提升农业的生产效率和增值空间。在思想层面，要注意加强农村居民的互联网意识和能力的培训，加快线上益农服务平台、线下益农服务社的建点和推广，注重互联网对于农民工的信息传播功能，提高进城农民工的工作搜寻效率，使得农民工享受便捷的信息服务，促使互联网信息传播功能得到最大程度的发挥。

8 江苏省建成区绿化覆盖率区域趋同研究

改革开放以来,我国一直以经济发展为中心,这一发展理念使得我国相较于其他国家在更短的时间内取得了更大的发展成果,国民生活水平稳步提高,国家综合实力极大增强。但在经济飞速发展的同时,我国生态环境确实做出了相对的让步,生态系统服务的稀缺情况日渐严重。同时,随着中国特色社会主义进入新时代,国家主要矛盾已经转变,人们开始认识到保护生态环境的重要性和迫切性,生态环境与经济社会的全面协调可持续发展已成为我国追求的重要目标。

在我国快速城镇化的背景下,为助力生态环境与经济社会的全面协调可持续发展,国家可从城市园林绿地建设方面加强重视程度。城市园林绿地是指在城市范围内,根据某种需要而建设的、具有良好绿化的开放空间,是城市用地构成的重要子系统。城市绿地在城市生活的生态系统服务方面发挥着巨大的作用,现已成为衡量人地关系和谐状况以及人民生活水平的重要方面。近年来,政府始终努力践行生态文明思想,科学开展国土绿化行为,增强生态系统功能和生态产品供给能力,为建设美丽中国提供良好的生态保障。国家的支持与政策的保障使得我国城市园林绿化取得实质性的进步,我国建成区绿化覆盖率持续增加,到 2019 年,我国建成区绿化覆盖率已达到近 42%,城市绿地面积从 2006 年的 132 万公顷扩大到 2019 年的 315 万公顷,详见图8.1。

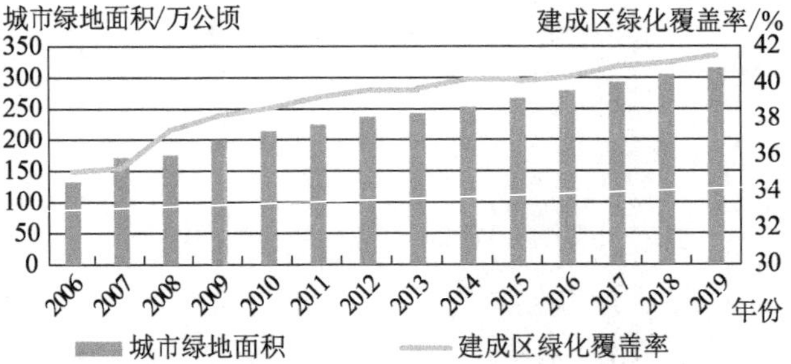

图 8.1　2006—2019 年 31 省(自治区、直辖市)(不含港澳台)城市绿地面积及建成区绿化覆盖率

伴随着我国城镇化建设的持续推进以及国家绿化政策的大力支持，作为衡量城市绿地建设水平重要指标的建成区绿化覆盖率得到较大提升，但其在不同尺度间均存在十分显著的区域差异。从短期来看，建成区绿化覆盖率存在区域差异是不可避免的；但从长期来看，这种区域差异是否会随着时间的推移以及政策等因素的完善而出现收敛？是否有建成区绿化覆盖率较低的区域赶超建成区绿化覆盖率较高的区域的可能出现？理论上，建成区绿化覆盖率较高的区域受到土地资源等因素的制约，如果想进一步提升其绿化覆盖率会受到一定限制，而建成区绿化覆盖率较低的区域享有后发优势，故所设想的收敛趋势是很有可能出现的。而解答以上问题，有助于我们掌握建成区绿化覆盖率的演变特征以及了解各区域间城市绿化水平差异，进而有助于我们更加深刻地理解区域间经济增长的趋同效应。故本章以江苏省为例，研究江苏省各区域间的建成区绿化覆盖率的收敛情况，进而解答以上问题。

8.1　城市绿地与经济发展水平的互动机制研究

生态文明建设是环境保护与经济发展关系的问题，两者不应被简单拆分为两个独立的个体，应该被统一协整看待处理。早年，为了使得经济发展获得更大的上升空间，我国在环境保护方面做出了较大的让步，造成了很大程度上的能源浪费以及环境污染，自然生态系统受到破坏，城市环境不断恶化，生物多样性减少，气温变化剧烈和热岛效应等城市环境问题频发。同时，随着建筑密度的增加和城市绿地面积的减少，市民的生存环境不断恶化，生活幸福感不仅没有随经济发展而提高，反而有所削减。种种现象表明，我们早期的对立发展理念是需要调整的，生态环境与财富积累并不是“零和博弈”的关系，两者是可以协调统一、相互促进的。

8.1.1　城市园林绿地建设直接推动城市经济发展

虽然，城市绿地的价值一直存在一定争议性，部分学者认为在密集的城市环境中提供城市园林绿地的成本较高，且还极有可能引发社会不平等之类的新兴问题。但是，城市园林绿地作为一种典型的准公共资源，具有外部效应，且其主要表现为外部正效应。推动城市园林绿地的建设有助于加快城市经济的发展。

城市园林绿化是针对社会环境资本的一种有效投资，它是一门具有较高经济回报率且回报方向十分多元的一门新兴绿色环境产业。园林绿化的环境功能是一种潜在的生产力，许多城市提出“以绿引资，因绿兴市”，将城市绿化作为一项重要的环境资本，招揽投资人、旅游者，进而繁荣城市经济。以房地产业为例，城市园林绿地对房地产存在增值效应，现如今人们对生活品质的追求日益提升，有远见的投资人、开发商和建筑商敏锐地抓住了这一点后，便会自觉选择顺应大众需求，投入更多的资本和土地建设园林绿化，进而拉高房价；而且许多研究证明，城市绿地的面积、距离绿地的距离等因素都会对房价造成一定的影响。除此之外，城市绿化建设所投入的绿化材料，经过优化养护，将不断产出新的物质量，这便进一步提高了城市自身的价值体量，增加了社会的财富积累。城市园林绿化的经济效应还会辐射到社会发展和人民生活的方方面面，提高城市园林绿化程度有助于提升环境质量，提高社区的物业价值，改善居住者的生活品质，进而提高人们的幸福感，造福人民。所以综合核算下来，加强城市园林绿化建设不仅可以使得投资者获得相应的直接收益，对社会经济也有极大的拉动作用，其经济效益是远超其投资额的。所以，我们可以发动会受到经济效益诱导的投资主体，进而提升自身的绿化自觉性及主动性，这便有利于推动城市绿化建设的高效率优化。

8.1.2 城市经济发展间接拉动城市园林绿地建设

早期，我国为了使得经济发展获得更大的上升空间，在环境保护方面做出了很大的让步，经济发展和环境保护未能达成协调统一，于是出现了虽然国家GDP一直翻倍，但是环境不断恶化的情况。随着城市化进程的不断加快，城市人口不断扩张，大量绿地被征用，生态用地严重不足，热岛效应、气候变暖等自然现象频发，甚至严重到影响人类的生活。同时，中国特色社会主义已进入新时代，我国的主要矛盾发生转变，人民的思想观念日益进步，绿色经济理念发展的重要性也就愈发凸显，国家和人民都认识到了可持续发展的必要性。

城市绿化发展被认为是城市可持续发展的关键，这不仅仅局限在环境方面，还体现在经济与社会方面。随着我国经济的高速增长，环境健康不断受损、环境质量急剧下降以及生态资源的持续消耗等现实问题都为我们敲响了警钟，让我们明白，在可持续发展中，必须重视环境和资源问题在经济发展过程中的突出地位。为了经济安全稳步地增长，国家和地方各级政府都加大了对人民生活质量以及环境质量的关注力度，将可持续发展纳入政策规划中，这就间接拉动了城市园林绿地的建设。

8.1.3　城市园林绿地与城市经济发展具有"正向循环反馈"关系

针对城市园林绿地以及城市经济发展两者间的关系，以往学者做了不少研究。有学者利用面板格兰杰因果关系检验和面板数据回归分析的方法，利用实证分析证明了城市园林绿地与其经济发展是相互影响的，认为城市园林绿地与人均国内生产总值互为格兰杰原因，存在"正向循环反馈"的因果互动关系，可以将其形容为"绿磁效应"和"需求效应"，详见图8.2。城市园林绿地建设水平的提高有利于拉动城市经济的发展，相应的，城市经济的发展也能够推动城市园林绿地的建设。

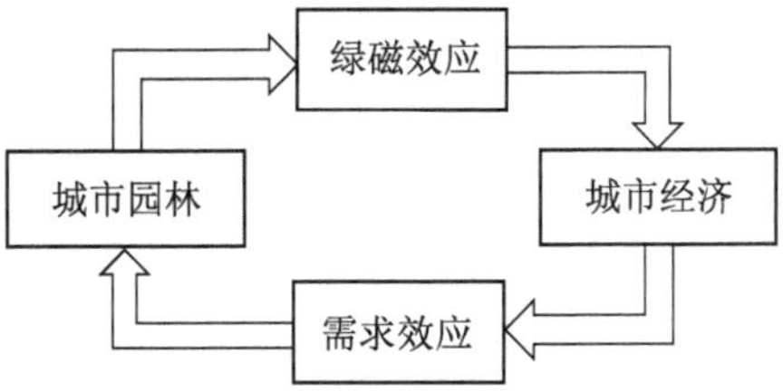

图 8.2　城市园林绿地与城市经济发展的"正向循环反馈"关系

"绿磁效应"是指城市园林绿地的生态系统服务如磁铁般具有吸引力，城市园林绿地的生态系统服务包括美化景观，提供休憩场所，净化空气、水源和土壤，改善城市气候等。这些服务具有提高居民生活居住幸福感以及诱导资本进入的作用，可间接促进地方旅游业和相关产业的发展。

"需求效应"是指城市经济发展可以加大对城市园林绿地的需求。城市园林绿地具有非排他性以及非竞争性，是一种准公共物品。城市绿地主要靠政府提供资金和维护，当城市经济发展的水平较高时，政府在城市园林绿地的规划与建设中投入的资金也会较高。而且，居住者的收入水平越高，他们所追求的居住舒适度越高，对城市园林绿地的需求也就越大。

8.2　江苏省城市园林绿化发展现状

聚焦江苏省，江苏自古以来就是人文荟萃之地，充满文化底蕴，是理想的宜居城市，孕育了极具地方特色的江南绿色园林。江苏省始终致力于传承园林文化，打造宜居环境，在城市园林绿地建设上始终位于全国领先位置。江苏省建成区绿化覆盖率始终处于全国领先水平，2018 年江苏省建成区绿化覆盖率达

43.4%，仅次于北京市、江西省和福建省，排名全国(不含港澳台)第四。

自党的十八大以来，江苏以满足人民群众日益增长的物质文化需求为目标，以生态园林城市创建为抓手，注重资源保护、注重生态改善、注重品质提升、注重便民惠民，秉承生态节约理念，坚持量质并举发展。2016年，为贯彻落实国家和省有关生态文明建设的新要求，经省政府批准，“江苏省园林城市”名称变更为“江苏省生态园林城市”。2020年，住房和城乡建设部公布的19个国家生态园林城市中，江苏省占9席，比例高达47%，数量居全国第一，并在全国率先实现了国家生态园林城市设区市全覆盖。从图8.3也可以看出，江苏省在城市园林绿化建设工作上成效显著，建成区绿化覆盖面积自1989年至2020年，增加了16倍多；建成区绿化覆盖率从1989年的19.2%提高至2020年的43.5%。

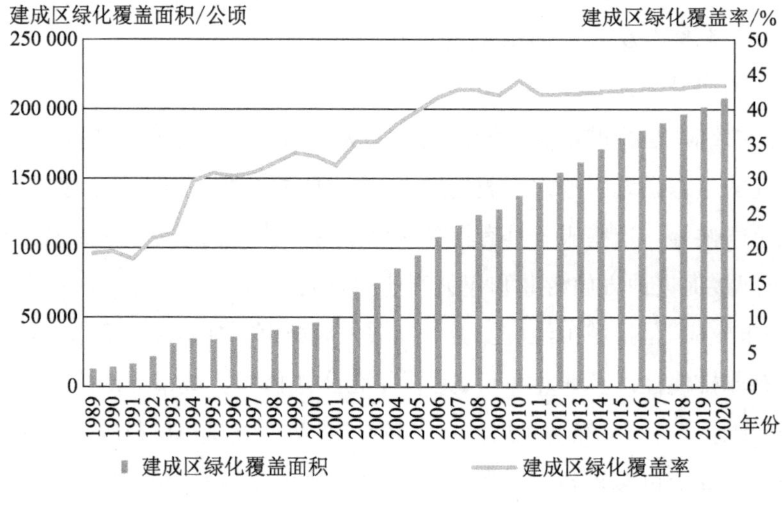

图8.3　1989—2020年江苏省的建成区绿化覆盖面积和建成区绿化覆盖率

这些成就得益于江苏省级生态园林城市创建工作得到了各级政府和社会的高度重视与广泛认同，成为推进城市生态文明建设的重要举措，在构建城市绿色生态系统、优化城市绿地结构和布局、提升和完善城市绿地综合功能等方面发挥了重要作用。城市园林绿地建设成果的逐年积累和品质的逐步提升，为我国构建高水平高品质生态园林城市奠定了稳定的基础。

8.3　实证分析

8.3.1　数据选择

本章所使用的数据均来源于2010—2020年的《江苏统计年鉴》。选择2010年为初始年份，是因为本章所需数据“建成区绿地面积”在2009年及之前没被收录至《江苏统计年鉴》中，无法得到相关数据。其次，由于江苏省部分区域在2010年至2020年这11年的时间行政区划有所调整，为获取平衡面板数据，最终使用53个区域，2010—2020年共583条建成区绿化覆盖率数据。描述性统计见表8.1。

表8.1　2010—2020年江苏省建成区绿化覆盖率的描述性统计结果

单位：%

变量	平均值	标准差	最小值	最大值
建成区绿化覆盖率	44.88	13.35	24.38	166.11

注：1. 建成区绿化覆盖率＝建成区绿化覆盖面积/建成区面积。
2. 本表的样本数量为583条数据。

8.3.2　传统收敛检验

1）绝对 β 收敛检验

β 收敛指某些地区原始水平相对较低，但因其拥有较高的增长率而在未来某个阶段追赶上了那些原始水平较高的地区，最终处于一个相对的稳态水平。β 收敛分为绝对 β 收敛和条件 β 收敛，条件 β 收敛是在绝对 β 收敛的基础上引入了其他可能影响收敛效果的控制变量，即绝对 β 收敛认为即使不加入控制变量，不同地区间也会存在收敛趋势，而条件 β 收敛认为只有加入控制变量，不同地区才能呈现收敛趋势。为使分析简单化，本次只进行绝对 β 收敛检验。根据Barro的思路，构建如下模型进行检验：

$$[\ln(X_{i,t+T})-\ln(X_{i,t})]/T=\alpha+\beta\ln(X_{i,t})+\varepsilon_{it} \tag{8.1}$$

式中，i 和 t 分别为区域和年份；X 为建成区绿化覆盖率；T 为时间跨度；ε 为随机误差；α、β 为待估计系数。

表 8.2 显示的是江苏省各区域建成区绿化覆盖率的绝对 β 收敛检验的估计结果。结果显示，各区域建成区绿化覆盖率趋于收敛，且在 1%水平上显著，收敛速度为 4.33%。

表 8.2　江苏省各区域建成区绿化覆盖率的绝对 β 收敛检验的估计结果

统计量	数值
β 值	0.043 3
标准误	0.005 4
t 值	23.39
P 值	0.00

然而，绝对 β 收敛由于其自身固有的缺陷，只能证明建成区绿化覆盖率较低的地区的增长速度领先于原本建成区绿化覆盖率较高的地区，但它无法证明各地区间的差距是否缩小，因为在现实生活中，落后地区是存在最终超越领先地区的可能的，甚至两者差距相较于初期会进一步扩大。因此我们需要进一步检验。

2）σ 收敛检验

考虑到研究的严谨性，我们在绝对 β 收敛的基础上，进一步检验江苏省各区域的建成区绿化覆盖率的 σ 收敛情况。σ 收敛是指各地区会随时间的推移而趋向收敛，分散程度是逐渐下降的。当前，我们通常利用基尼系数、变异系数、泰尔指数和标准差等指标检验 σ 收敛情况。其中，学者多选择使用变异系数，因为其测算相对简单，且可消除测量尺度的影响。故本章也选择变异系数来检验江苏省各区域的建成区绿化覆盖率的收敛情况，变异系数计算公式如下：

$$CV_{it}=\frac{\sqrt{\sum (X_i-\bar{X})^2/n}}{\bar{X}} \tag{8.2}$$

式中，i 和 t 分别为区域和年份；CV 为变异系数；X 为建成区绿化覆盖率；$\bar{X}$ 为建成区绿化覆盖率的平均值；n 为样本区域的个数。2010—2020 年江苏省各区域的建成区绿化覆盖率的变异系数如表 8.3 所示。

表 8.3　2010—2020 年江苏省各区域的建成区绿化覆盖率的变异系数

<table>
<tr><th>年份</th><th>变异系数</th></tr>
<tr><td>2010</td><td>0.07</td></tr>
<tr><td>2011</td><td>0.05</td></tr>
<tr><td>2012</td><td rowspan="2">0.04</td></tr>
<tr><td>2013</td></tr>
<tr><td>2014</td><td rowspan="3">0.03</td></tr>
<tr><td>2015</td></tr>
<tr><td>2016</td></tr>
<tr><td>2017</td><td>0.07</td></tr>
<tr><td>2018</td><td>0.03</td></tr>
<tr><td>2019</td><td>0.42</td></tr>
<tr><td>2020</td><td>0.39</td></tr>
</table>

将根据历年江苏省各区域的建成区绿化覆盖率计算所得的变异系数绘制成折线图，结果如图8.4 所示。

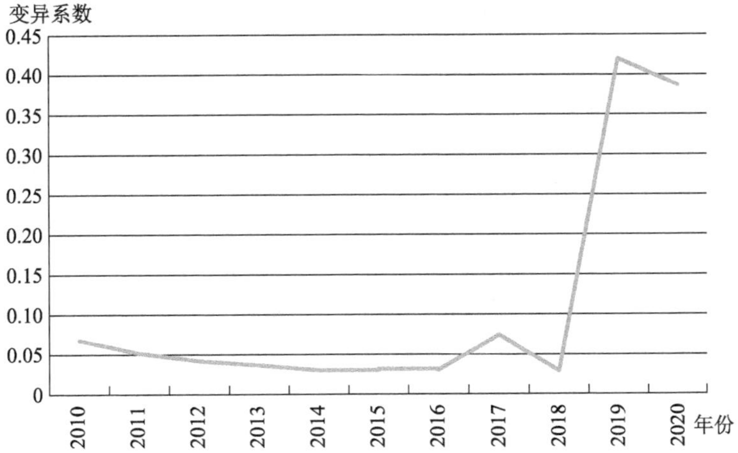

图 8.4　江苏省各区域建成区绿化覆盖率的 σ 收敛检验的估计结果

从图8.4可以看出，江苏省各区域的建成区绿化覆盖率的变异系数在2010—2016年呈逐步下降趋势，从2010年的0.07下降至2016年的0.03，说明江苏省各区域的建成区绿化覆盖率在2010—2016年呈现收敛趋势。但2016年后，江苏省各区域的建成区绿化覆盖率的变异系数起伏不定，总体呈扩散趋势。所以通过 σ 收敛检验江苏省各区域的建成区绿化覆盖率的收敛情况，结果显示其总体不存在 σ 收敛趋势，呈发散趋势。

8.3.3 俱乐部收敛分析

上文的研究结果显示，江苏省各区域的建成区绿化覆盖率存在绝对 β 收敛趋势，但并不存在 σ 收敛趋势。其实，这两种传统检验方法都存在一定的局限性。针对绝对 β 收敛，若原先处在落后状态的地区增速较快，以至于在末期超过了初期的领先地区，收敛就无法证明是地区间差距的减小，甚至两者的差距存在高于初期的可能。而对于 σ 收敛检验，虽然其给出的结果比较直观，但若数据无法始终处于稳态，就无法展示出明确的判断结果，甚至会出现误判，方差的自然增长也会使 σ 收敛出现误导性，例如存在布朗运动，可见通过计算变异系数进行的传统 σ 收敛检验也会使结论存在偏误的可能。更为关键的一点是，σ 收敛检验和 β 收敛检验都忽视了俱乐部收敛。

对此，我们进行 $\log t$ 检验，$\log t$ 检验不仅可以判定总体是否收敛，还可以判定是否存在俱乐部收敛情况，即在总体发散的时候，可进一步判定个体是否还存在收敛于不同俱乐部的情况。当总体样本不存在收敛趋势的时候，我们不用再人工地将样本数据划分重组，只需要通过逐步试错将所有个体的收敛情况进行聚类即可，就可将收敛在同一稳态水平的个体划为一个收敛俱乐部，这样我们便把所有局部收敛情况甄别了出来，形成不同的收敛俱乐部。因此在本节我们将继续进行俱乐部收敛检验。

1）单位根检验

首先，进行单位根检验，以测试江苏省各区域建成区绿化覆盖率的数据是否平稳。本章同时采用了LLC检验、IPS检验、Hadri检验、HT检验以及Breitung检验方法对面板数据进行单位根检验，判断各区域建成区绿化覆盖率的数据是否平稳。其中，LLC检验、IPS检验、HT检验和Breitung检验，这四种检验方法原假设是“所有的面板数据都包含单位根，面板数据不平稳”，所以，当面板数据是平稳的时候就拒绝原假设，至少部分面板数据含有单位根时就接受原假设。Hadri 检验的原假设是“不存在单位根，所有的面板数据都是平稳的”，所以至少部分面板数据不平稳时拒绝原假设。表 8.4 单位根检验结果表明，Hadri 检验在 1%的置信水平下均拒绝了原假设，LLC 检验、IPS 检验、HT 检验和 Breitung 检验接受了所有面板数据包含单位根的原假设，五种检验方法检验结果显示出一致性。因此，我们得出“江苏省各区域建成区绿化覆盖率的面板数据存在单位根，是不平稳的”这一结论，这体现了我们接下来进行俱乐部收敛检验的必要性。

表 8.4　单位根检验结果

方法	统计量①	P 值	结论
LLC 检验	14.88	1.00	含有单位根
IPS 检验	12.27	1.00	含有单位根
Hadri 检验	17.60	0.00	含有单位根
HT 检验	0.89	1.00	含有单位根
Breitung 检验	4.19	1.00	含有单位根

注：①LLC 检验的统计量为 t 统计量，IPS 检验、Hadri 检验、HT 检验的统计量为 z 统计量，Breitung 检验的统计量为 λ 统计量。

2）总体收敛检验

我们根据 2010—2020 年的建成区绿化覆盖率对江苏各区域进行排序。此外，参考 Phillips 等的建议，我们将 r 设定为 0.33，回归检验就从 $t=[rT]=[0.33\times 11]$ 的整数部分即第 3 年开始，一共有 53 个区域观测值。为了进一步控制回归中的自相关和异方差，我们采用 Newey-West 的回归模型，根据 Green 的建议，将滞后期选为 $L=T^{\frac{1}{4}}=(11)^{\frac{1}{4}}\approx 2$。考虑到面板数据可能存在时间趋势，我们首先用 pfilter 指令基于 HP 滤波法对建成区绿化覆盖率进行平滑处理。然后，基于平滑处理后的数据，利用 logtreg 指令检验了江苏省各区域的建成区绿化覆盖率的收敛情况。当 t 值大于 -1.65 时，说明江苏省各区域的建成区绿化覆盖率趋于收敛；而当 t 值小于 -1.65 时，说明不存在收敛趋势。具体结果见表8.5。结果表明，建成区绿化覆盖率在江苏范围内不存在总体收敛趋势，是发散的（t 值小于 -1.65）。这与变异系数所展现的结果相同，且否定了 β 收敛检验的结果。这表明 β 收敛是存在一定缺陷的，若仅仅依赖 σ 收敛检验和 β 收敛检验可能会遗漏部分潜在信息，从而得到片面甚至是存在偏差的研究结论，这也为今后研究的 β 收敛分析提出了警示。

表 8.5　log *t* 检验结果

变量	估计系数	标准误	*t* 值	敛散性判断
log *t*	−4.898 1	0.060 4	−81.141 2	发散

3）收敛俱乐部检验

然而，即使我们拒绝了总体收敛，也不能保证样本完全不存在收敛性，不同的区域也极有可能存在更大范围区域间的俱乐部收敛。因此我们接着应用log *t* 检验找出建成区绿化覆盖率的收敛组，利用 stata 指令 psecta、scheckmerge 和 imergeclub 考察江苏省各区域的建成区绿化覆盖率具体的俱乐部收敛情况，具体结果见表 8.6。结果显示：江苏省各区域的建成区绿化覆盖率存在俱乐部收敛趋势，而且收敛于七个俱乐部。具体而言：南京(市区)、宿迁(市区)、泗阳收敛于第一个俱乐部；涟水、阜宁收敛于第二个俱乐部；如皋、海安、滨海、灌云收敛于第三个俱乐部；东台、宜兴、徐州(市区)、新沂、昆山、沭阳、淮安(市区)、盐城(市区)、盱眙、睢宁收敛于第四个俱乐部；东海、丰县、南通(市区)、响水、太仓、如东、宝应、射阳、常州(市区)、常熟、建湖、扬中、扬州(市区)、无锡(市区)、溧阳、苏州(市区)、邳州、金湖、镇江(市区)这十九个区域收敛于第五个俱乐部；丹阳、仪征、兴化、启东、江阴、靖江收敛于第六个俱乐部；张家港、沛县、泰兴、灌南、高邮收敛于第七个俱乐部；句容、泗洪、泰州(市区)、连云港(市区)四个区域呈发散趋势，不与其他任何地方收敛。

表 8.6　江苏省各区域的建成区绿化覆盖率俱乐部收敛情况

区域	地区	俱乐部收敛	估计系数	标准误	*t* 值
南京(市区)	苏南	第一个	2.031	0.350	5.801
宿迁(市区)	苏北				
泗阳	苏北				
涟水	苏北	第二个	0.276	5.104	0.054
阜宁	苏北				

续表

区域	地区	俱乐部收敛	估计系数	标准误	t 值
如皋	苏中	第三个	0.091	0.343	0.266
海安	苏中				
滨海	苏北				
灌云	苏北				
东台	苏北	第四个	−1.095	1.055	−1.038
宜兴	苏南				
徐州(市区)	苏北				
新沂	苏北				
昆山	苏南				
沭阳	苏北				
淮安(市区)	苏北				
盐城(市区)	苏北				
盱眙	苏北				
睢宁	苏北				
东海	苏北	第五个	−0.521	0.457	−1.140
丰县	苏北				
南通(市区)	苏中				
响水	苏北				
太仓	苏南				
如东	苏中				
宝应	苏中				
射阳	苏北				
常州(市区)	苏南				
常熟	苏南				
建湖	苏北				
扬中	苏南				
扬州(市区)	苏中				
无锡(市区)	苏南				

续表

<table>
<tr><th>区域</th><th>地区</th><th>俱乐部收敛</th><th>估计系数</th><th>标准误</th><th>t 值</th></tr>
<tr><td>溧阳</td><td>苏南</td><td rowspan="5">第五个</td><td rowspan="5">−0.521</td><td rowspan="5">0.457</td><td rowspan="5">−1.140</td></tr>
<tr><td>苏州(市区)</td><td>苏南</td></tr>
<tr><td>邳州</td><td>苏北</td></tr>
<tr><td>金湖</td><td>苏北</td></tr>
<tr><td>镇江(市区)</td><td>苏南</td></tr>
<tr><td>丹阳</td><td>苏南</td><td rowspan="6">第六个</td><td rowspan="6">3.976</td><td rowspan="6">0.676</td><td rowspan="6">5.886</td></tr>
<tr><td>仪征</td><td>苏中</td></tr>
<tr><td>兴化</td><td>苏中</td></tr>
<tr><td>启东</td><td>苏中</td></tr>
<tr><td>江阴</td><td>苏南</td></tr>
<tr><td>靖江</td><td>苏中</td></tr>
<tr><td>张家港</td><td>苏南</td><td rowspan="5">第七个</td><td rowspan="5">1.857</td><td rowspan="5">0.836</td><td rowspan="5">2.222</td></tr>
<tr><td>沛县</td><td>苏北</td></tr>
<tr><td>泰兴</td><td>苏中</td></tr>
<tr><td>灌南</td><td>苏北</td></tr>
<tr><td>高邮</td><td>苏中</td></tr>
<tr><td>句容</td><td>苏南</td><td rowspan="4">发散</td><td rowspan="4">−5.942</td><td rowspan="4">0.372</td><td rowspan="4">−15.994</td></tr>
<tr><td>泗洪</td><td>苏北</td></tr>
<tr><td>泰州(市区)</td><td>苏中</td></tr>
<tr><td>连云港(市区)</td><td>苏北</td></tr>
</table>

8.4 研究结论与政策启示

8.4.1 研究结论

(1) 江苏省各级政府和社会都高度重视和广泛认可城市园林绿化建设工作，城市园林绿化建设成果逐年累计，绿化建设品质也在逐步提高，这不仅为高水平建设国家生态城市打下良好基础，还有利于城市可持续发展工作的推进，有助于城市经济水平的进一步提高。

（2）σ 收敛检验表明 2010—2020 年江苏省各区域的建成区绿化覆盖率呈发散态势，变异系数先下降后上升。β 收敛检验结果显示江苏省各区域的建成区绿化覆盖率是显著收敛的。

（3）俱乐部收敛检验结果表明江苏省各区域的建成区绿化覆盖率不收敛，呈整体发散态势，其子系统内部收敛于七个俱乐部。

8.4.2 政策启示

经济的发展不应该以牺牲生态环境建设为代价，我们要努力发掘城市园林绿地与城市经济发展两者间的“正向循环反馈”关系，推动城市经济与城市园林绿地共同发展，推动城市可持续发展。

着眼于城市绿化绿色低碳的生态功能，我们倡议：

（1）保护生物多样性　我们要加强对自然生态保护的重视程度，认识到生物多样性在人类生存与发展进程中的基础性作用。我们要不断完善保护制度建设工作，加强保护力度，扎实有序地推进生物多样性的保护与管理行动。鼓励全省各级政府合理规划地方层级的生态观测网络，提高江苏省生物多样性的整体观测能力，加强物种栖息地的保护，营造一个人与自然和谐共生的美好家园。

（2）编织多维生态绿网　我们要尊重地域自然条件，充分认识城市生态绿色网络的构成与特征，创建一个符合城市绿色生态系统结构，可实现良性循环与城市景观生态和谐可持续发展的多维生态绿网，进而实现城市园林绿地生态效益的最大化。

（3）开拓绿色碳汇空间　针对生态环境受损地区，我们要提高重视程度，恢复空间绿色生态活力。我们要注重绿色空间的合理延伸，整合设施功能，将城市灰色低效空间转变为绿色潜力空间，增氧减碳，降低城市的热岛效应。

（4）营造近自然园林　我们要尊重自然，敬畏自然，遵守自然法则，应用地带性植被，减少人工干扰和损害，落实生态节约的建设理念，提升有效用地的生态效益，营造可持续发展的近自然园林。

着眼于城市绿化的社会功能，我们倡议：

（1）构造便捷可达的绿色生活空间　优化和均衡绿地布局，建设例如口袋公园、小微绿地等方便可达的绿色共享空间，完善城市公共服务需求，提升街区、社区品质和活力。将公园等场所融入功能相宜的公共服务设施，增加吸引力，为居民构建健康美好的精神生活，共建功能多远、内容丰富的活力场所。

(2) 拓展后疫情时代的健康空间　加强园林绿地与健身、康体空间的结合，设置健身步道和康体设施，加强户外绿色公共空间的安全性、功效性与舒适度，使其真正起到增强人民体魄、缓解人民生活压力的作用。

着眼于城市绿化的人文功能，我们倡议：

(1) 在传承创新中弘扬园林艺术　在继承古典园林文化的基础上，结合可持续发展的思想，不断在理论和实践中拓展创新城市园林艺术，运用适宜技术，引入科学设计理念，普及园林艺术，提高全江苏省的园林建设整体水平。

(2) 塑造城市绿色空间特色　我们要因地制宜，在构建城市绿色空间时要设定长远且可实现的目标。从当地自然资源出发，优化升级绿地系统规划，打造有地方特色的城市绿地空间。构建更多具有时代性、当地性的绿色共享空间，让城市更富审美意味和文化品位。

(3) 尊重自然，做城市生态的保护者　我们要加大城市绿色发展的宣传与教育力度，增强人们对自然的敬畏与尊重之心。让人们发自真心地做城市园林绿地的保护者，低碳绿色出行，勤俭节约，用实际行动建设高质量、高水平的生态绿色园林城市，构建人与自然和谐相处的美好蓝图。

第四篇

江苏区域经济趋同：生产要素篇

劳动、资本、技术和数据等生产要素是经济增长的基础。第四部分主要从生产要素的角度分析江苏区域经济趋同趋势。劳动和资本要素为我国经济增长做出了巨大贡献，但是，我国已经跨过刘易斯拐点，人口红利基本消失，资本也面临着规模报酬递减的现象，未来只能依靠技术驱动经济增长。此外，近年来，数字技术正深刻影响着人类社会，数据要素对经济发展的作用逐渐显现，本部分对江苏区域数据要素的趋同趋势进行分析。

9 江苏省劳动力空间分布收敛性探究

9.1 经典理论模型

以斯密和李嘉图为代表的古典理论，是近代经济学思想的源泉。斯密和李嘉图关于经济增长和就业关系的理论可表示为：$W=PL$。其中 W 是国民总产出，P 为劳动生产率，L 为劳动力数量，这意味着经济增长受到劳动力数量和劳动生产率的影响。经过二十世纪“张伯伦革命”“凯恩斯革命”以及“理性预期革命”后，经济学进入新古典经济学的新阶段。

在新古典理论的分析框架下，假定技术进步为希克斯中性，可以得出一个描述投入要素增长率、产出增长率和技术进步增长率之间关系的方程，也就是索洛新古典增长模型。该模型表明，一个国家或地区的经济增长是技术进步、资本积累和劳动力增长等因素共同作用的结果。按照索洛模型，就业增长和经济增长在理论上呈正相关。

然而，该理论也存在明显的不足之处，在索洛模型中，生产技术满足单调性、凸性、连续性的假设，这带来的结果是，劳动只要投入即是有效的，能够促进产量的增长。所以说，索罗模型在初始的假设条件中就暗含经济增长和就业增长两者存在一致趋势的逻辑。此外，索罗模型未考虑技术进步，将劳动者视为无差异，这就忽略了人力资本对劳动力质量和经济发展的影响。同时由于要素边际报酬递减，无法从长期的角度解释经济增长与劳动力就业增长的互动机制。

同样阐述就业和经济增长关系的还有奥肯定律。该定律描述了美国经济周期波动中经济增长率和失业率的历史经验关系——失业率每增加 1%，实际 GDP 会减少 2.5%左右。不过该定律只是根据经验统计得出的一个平均数，考虑到时空异质性，不同地区的该数值并不完全相同。同时奥肯定律主要适用于没有实现充分就业的情况。但总之，该定律描述了这样一种关系：经济增长可以降低失业率。由此可以认为就业增长和经济增长存在密切的联系，推动经济增长可以促进就业的提高。

9.2 文献综述

通过上述理论，我们可以看到，就业和经济增长之间存在着紧密的关系。世界各国的经济发展，不管是已然处于竞争均衡的西方发达国家，抑或是正处于结构转型的发展中国家，其经济增长进程，无一例外表明了经济增长与就业增长之间存在着这样一种关系——就长期来说，经济增长和就业增长基本是正相关的。

不过在我国，由于经济转型和就业体制的改革，两种增长之间的关系表现出了较强的非一致性，国内许多学者对此种不一致现象进行了研究。有学者曾通过对美国劳动力市场的研究，认为技术进步是造成经济增长和就业增长不一致的主要因素；然而另有学者认为，技术进步不是我国经济增长和就业增长之间出现非一致性和非对称性的主导因素，同时经济结构的快速调整使得经济增长和就业增长产生不一致的观点也难以立足，他们提出产生不一致的原因是我国经济制度转轨和统计口径的偏差没有反映真实的就业状况，因此应当重新定义和衡量有效劳动投入和名义劳动投入；以宏观经济政策作为切入点进行研究，经济增长对就业的作用机制受到人口红利消失的消极影响；也有许多研究认为造成经济增长和就业增长不一致的主要原因是各级政府在绩效考核中片面地追求GDP，忽视了经济发展过程中的其他问题，就业率就是被忽视的重要指数之一；还有学者构建了一个 VAR 模型来研究经济增长、产业结构和劳动就业之间的关系，并基于我国 1978—2008 年的经济数据，分析得出三者存在长期均衡关系，并指出产业结构和劳动就业之间的不协调是限制经济增长对就业促进的主要原因；也有研究者指出，我国存在的资本、劳动、土地和能源四种要素配置的扭曲是导致经济增长和就业增长非一致性的主要原因，为解决这种错配带来的影响，转变经济增长的驱动模式，从资本和能源驱动向劳动和技术驱动转变或许是一个行之有效的方法。

但同时，也有许多学者对经济增长和就业的一致性问题持不同观点。学术界对我国就业弹性急剧下降这一论述进行了探讨，认为一般统计分析中的就业弹性系数的测度不能真实反映劳动力弹性系数，其中包含了隐性失业，将这一因素考虑在内会得出不同的结论。也有人认为我国统计制度和发达国家之间存在很大差距，在对失业率口径进行重新定义后，对我国城镇的真实失业率进行重新测算，发现真实失业人数高于登记数目的50%。一部分学者通过实证研究证明了一致性的存在：基于1985—2000年的有效就业数据，实证表明经济增长和有效就业长期协整，表现出协同变化的一致性；选取1980—2004年的就业数据，并剔除冗员对数据产生的影响，发现1995年以后经济增长仍然对就业产生显著的促进作用，并非表现出不一致；将研究聚焦于广东省层面，对经济增长和就业增加关系进行实证研究，结果显示两者之间正相关，且从长期看存在均衡关系；从微观经济层面进行分析，选用2001—2008年深沪两市508家制造业上市公司数据，通过企业动态劳动需求方程对我国经济增长的就业弹性进行测算，发现制造业上市公司规模的扩张，会带来明显的就业拉动。

综合已有文献来看，关于经济发展和就业水平提高在我国是否存在一致性的问题，学界存在争论。对表现出非一致现象的解释主要包括：一是资本有机构成的提高使得技术对劳动的替代效应越来越明显；二是认为资本、劳动力、土地价格扭曲导致了劳动力就业的不足；三是认为政府政绩考核中对GDP片面的偏重以及产权制度、人力资本制度和社会保障制度限制了劳动力就业。而另有一批学者认为就业和经济增长实际是一致的，主要出于以下几个原因：一是有学者通过有效就业的测算得出经济和就业存在长期均衡关系；二是认为我国的失业人口应当包括隐性失业人口，这是一些研究没有考虑到的；三是认为现有统计数据的统计口径和方法不能满足研究的需要，导致就业水平实际上存在被低估的可能。

无论如何，虽然对于经济发展和就业增长之间的互动机制存在着争论，但不可否认的是，劳动力作为重要的生产要素，对经济的发展起着不可或缺的作用。在资本边际报酬递减的前提假设下，存在经济的趋同。并且各国经济增长的历史证明，这种趋同是有条件的趋同，简单来说，只有当落后地区具备了和发达地区相同的增长条件时，趋同才有可能发生。劳动力作为一种重要的生产要素，无疑是经济趋同的关键条件之一。

劳动力投入自然是经济生产中的重要因素之一，此外需要看到的是，劳动力的大规模汇聚形成的集聚效应往往成为劳动力投入作用之外附加的第二层影响。劳动力空间集聚是生产要素在空间上的重新配置，而劳动力的空间分布又与区域经济发展是否平衡的问题息息相关，更不用说劳动力就业问题，它除了是一个经济问题，更是一个与每个人息息相关的社会问题。学界的研究也大多聚焦于劳动力与经济之间互动关系的实证研究，包括劳动力空间集聚和跨区域流动对经济的影响，对劳动力本身分布特征和收敛态势的研究则很少。

本章通过研究江苏省就业人口区域收敛的情况，一方面，对省内劳动力空间分布和跨区域流动形成一个直观认识，另一方面，从劳动力生产要素区域收敛的角度，由点及面，对区域经济发展趋同进行观察和讨论。

9.3 模型与数据

本章所使用的所有数据均来源于2001—2019年的《江苏统计年鉴》。由于江苏省部分区域在20年的时间跨度内行政区划有所变动，以及数据可获性的差异，为获取平衡面板数据，最终使用了54个区域(海门是2020年7月撤市设区)2001—2019年一共1 026条就业人口密度数据。为了方便比较区域间差异，本章使用苏南、苏中、苏北的概念辅助本章的研究。其中苏南包括南京、苏州、无锡、常州、镇江五个地级市全域，苏中包括扬州、泰州、南通三个地级市全域，苏北包括徐州、连云港、淮安、盐城、宿迁五个地级市全域。本章使用就业人口密度指标衡量一地的劳动力生产要素水平，具体表示为：就业人员数量/土地面积。样本描述性统计结果如表9.1所示：

表9.1　样本描述性统计　　　　单位：人/千米^2

变量	平均值	标准差	最小值	最大值
就业人口密度	416.54	194.31	126.36	1 256.54

9.4 实证分析

9.4.1 传统收敛检验

1）绝对β收敛检验

本章首先使用传统方法对江苏省各区域就业密度进行收敛检验。β收敛分为绝对β收敛和条件β收敛，条件收敛是在绝对收敛的基础上加入了收敛控制变量，但两者的回归方程大体一致。为简化分析，本章使用β收敛进行检验。表9.2显示的是根据 Barro 等提出的方法得出的 β 收敛检验结果。可以看到，单位国土面积的就业人口呈现发散趋势，β 值在 1%的显著水平上显著为负，为−0.007 7，可认为单位国土面积就业人口在省内呈现发散态势，发散速度为 0.77%。

表 9.2　β 收敛统计结果

统计量	数值
β 值	−0.007 7
t 值	−6.18
P 值	0.000

β 收敛检验由于其固有的缺陷，其结果只能证明落后地区的增长速度高于原本领先的地区，但这不能证明区域间的差距缩小了，因为就业人口密度低的地区在持续增长后有可能会最终超过原本的领先地区。同时，倘若 β 收敛检验得出发散的结论，则说明落后地区增长速度小于领先地区，地区间差距逐渐拉大，且不存在一个趋同的过程。我们可以通过一个简单的描述性统计对 β 收敛的结果进行检验。

表 9.3 列出了面板数据中江苏省各区域在统计时段最初一年(2001 年)和最末一年(2019 年)的就业人口密度及排名，从中可以看出近 20 年中不同区域的变化情况和增长比例。可以发现，对现有数据进行的观察和比较很难支撑 β 收敛的结论。例如，启东在统计初期的就业人口密度排名第 4，在统计末期已经滑落至第 25 名，劳动力流失严重，就业人口密度呈现负增长；与之相反的是昆山，作为近些年逐渐崛起的经济强县，据第七次人口普查数据，昆山的人口净流入已经破百万(102.56 万)，其就业人口密度排名也从 2001 年的第 15 名跃升至 2019 年的第 1 名。这一类的例子还有很多，并不完全符合 β 收敛检验得出的发散结论。

表 9.3　就业人口密度统计

区域	2001 年数值/(人/千米^2)	初期排名	2019 年数值/(人/千米^2)	末期排名	增长比例/%
海门	661.13	1	555.86	13	−15.92
江阴	635.51	2	1 003.24	2	57.86
张家港	626.55	3	781.16	6	24.68

续表

区域	2001 年数值/（人/千米^2）	初期排名	2019 年数值/（人/千米^2）	末期排名	增长比例/%
启东	624.75	4	385.01	25	−38.37
常熟	589.95	5	818.03	4	38.66
南通（市区）	532.85	6	428.48	20	−19.59
泰兴	513.01	7	541.88	14	5.63
扬中	483.43	8	665.75	8	37.71
靖江	475.19	9	618.90	10	30.24
如皋	471.92	10	459.84	17	−2.56
无锡（市区）	464.80	11	836.40	3	79.95
海安	451.90	12	451.14	18	−0.17
常州（市区）	432.25	13	646.61	9	49.59
泰州（市区）	427.29	14	475.12	16	11.19
昆山	422.54	15	1 256.55	1	197.38
丹阳	413.23	16	609.36	11	47.46
沛县	408.75	17	352.44	31	−13.78
南京（市区）	404.15	18	763.02	7	88.80
沭阳	402.57	19	408.00	23	1.35
苏州（市区）	379.31	20	800.05	5	110.92
丰县	371.85	21	376.41	26	1.23
徐州（市区）	368.33	22	410.88	22	11.55
镇江（市区）	365.39	23	507.55	15	38.91
太仓	360.32	24	565.56	12	56.96
如东	349.57	25	218.63	48	−37.46
睢宁	349.01	26	347.43	32	−0.45
邳州	348.95	27	415.25	21	19.00
泗阳	345.71	28	356.82	30	3.21
灌南	335.74	29	368.19	29	9.67
扬州（市区）	330.04	30	406.62	24	23.20

续表

区域	2001年数值/（人/千米²）	初期排名	2019年数值/（人/千米²）	末期排名	增长比例/%
宝应	322.32	31	288.71	40	−10.43
仪征	320.55	32	440.35	19	37.37
宿迁（市区）	312.04	33	330.13	35	5.80
涟水	309.22	34	288.98	39	−6.55
兴化	307.65	35	305.64	38	−0.65
建湖	296.14	36	368.89	28	24.57
新沂	283.07	37	344.16	34	21.58
连云港（市区）	279.46	38	327.60	36	17.23
阜宁	272.56	39	346.77	33	27.23
溧阳	267.10	40	325.08	37	21.71
宜兴	248.70	41	370.06	27	48.80
东海	243.87	42	268.53	45	10.11
淮安（市区）	242.89	43	283.85	42	16.86
灌云	237.51	44	271.78	44	14.43
东台	226.95	45	200.06	50	−11.85
盐城（市区）	221.62	46	253.97	46	14.60
句容	210.54	47	285.99	41	35.84
高邮	207.37	48	240.53	47	15.99
滨海	201.12	49	281.69	43	40.06
泗洪	181.64	50	179.77	52	−1.03
响水	153.63	51	185.07	51	20.46
射阳	142.50	52	213.01	49	49.48
盱眙	133.94	53	153.98	53	14.96
金湖	131.40	54	138.90	54	5.71

2）σ 收敛检验

描述性统计对 β 收敛的结论提出了疑问，因此有必要在 β 收敛检验的基础上，进一步检验就业人口密度的σ收敛情况。为此，我们计算了各区域就业人口密度的变异系数，结果如图9.1所示，可以发现变异系数在前期上升速度很快，这个趋势直到2014年开始有所放缓，有趋于平稳的倾向。虽然从总体上看，江苏省各区域就业人口密度处于一个不断发散的态势，但从2014年开始，其发散趋势不再那么明显。这或许说明，在大约2014年前，江苏省经历了一个劳动力向大城市快速集聚的过程，在那之后，集聚区的容量达到饱和，劳动力集聚的速度逐渐放缓，对应的σ收敛图中发散态势逐渐平稳。

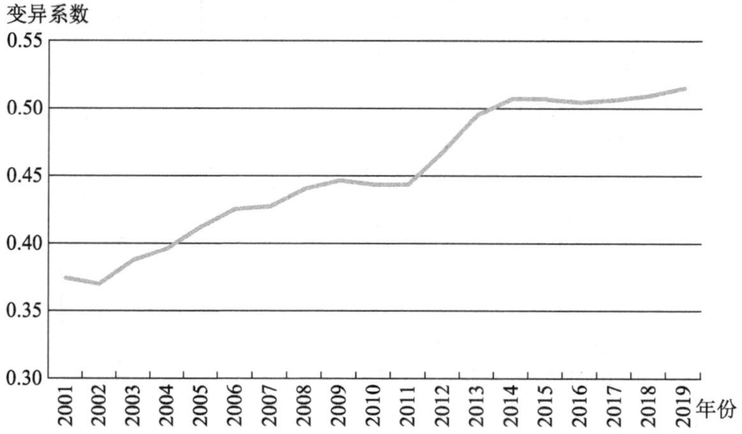

图9.1　σ收敛示意图

9.4.2　俱乐部收敛分析结果

传统的σ收敛检验方法虽然直观，但是当数据的前半段收敛趋势和后半段存在不一致或是冲突时，不一定能给出明确的判定；此外，倘若面板数据不平稳，例如存在布朗运动，通过计算变异系数进行的传统σ收敛检验同样可能得出有偏误的结论。对此，Phillips等提出了一种新的收敛检验方法——log t 检验，log t 检验不仅可以判定总体的收敛情况，还可以在总体不收敛时进一步判定个体是否收敛于不同俱乐部，即是否存在俱乐部收敛。其优点在之前的篇章已经讲述，此处不再赘述。因此在本节我们将继续进行俱乐部收敛检验。

1）单位根检验

在此之前，我们首先进行单位根检验，来测试江苏省各区域就业人口密度数据是否平稳。本节同时采用了Breitung提出的Breitung检验、Hadri提出的

Hadri 检验以及 Im 等人提出的 IPS 检验方法对面板数据进行单位根检验，得出的结果如表 9.4 所示。其中，Breitung 检验和 IPS 检验的原假设是"面板数据包含单位根，面板数据不平稳"，因此拒绝原假设意味着面板数据是平稳的；Hadri 检验则相反，其原假设是"不含有单位根，所有面板数据平稳"，因此拒绝原假设意味着至少部分面板数据包含单位根，是非平稳的。检验结果显示，无论是 Breitung 检验还是 IPS 检验都无法拒绝原假设，而 Hadri 检验则在 1%的显著水平上拒绝原假设，因此可以说三种单位根检验同时判定了我们的面板数据存在单位根，是不平稳的，这更说明了接下来进行俱乐部收敛检验的必要性。

表 9.4　单位根检验结果

检验方法	统计量[①]	P 值	结论
Breitung 检验	2.710 6	0.996 6	包含单位根
IPS 检验	−0.847 7	0.198 3	包含单位根
Hadri 检验	64.116 1	0.000 0	至少部分包含单位根

注：①Breitung 检验的统计量为 λ 统计量，IPS 检验、Hadri 检验的统计量为 z 统计量。

2）总体收敛检验

接下来具体实施俱乐部收敛检验，鉴于数据不平稳，我们首先用 pfilter 指令基于 HP 滤波法对就业人口密度进行平滑处理，接着对总体收敛情况进行检验，检验结果如表 9.5 所示，t 值为−158.61，远远小于−1.65，说明江苏省劳动力空间分布在总体上呈现明显的发散态势，未来地区间的差异可能会继续扩大，这与 β 收敛和 σ 收敛的检验结果一致。

表 9.5　总体收敛检验结果

指标	t 值	结果
就业人口密度	−158.61	发散

3）俱乐部收敛检验

但是，需要说明的是，拒绝了总体收敛并不意味着不收敛，各区域仍然有可能收敛于几个区域性的俱乐部，呈现俱乐部收敛的态势。因而我们接下来继续应用 $\log t$ 检验找出就业人口密度的收敛组，结果如表 9.6 所示。

表 9.6　俱乐部收敛结果

区域	收敛俱乐部	所在地区	t 值
南京(市区)	第一个	苏南	7.79
常熟		苏南	
张家港		苏南	
扬中		苏南	
无锡(市区)		苏南	
苏州(市区)		苏南	
丹阳	第二个	苏南	−0.83
仪征		苏中	
南通(市区)		苏中	
太仓		苏南	
如皋		苏中	
宜兴		苏南	
射阳		苏北	
常州(市区)		苏南	
建湖		苏北	
泰兴		苏中	
泰州(市区)		苏中	
海安		苏中	
海门		苏中	
滨海		苏北	
镇江(市区)		苏南	
阜宁		苏北	
靖江		苏中	
东台	第三个	苏北	0.19
东海		苏北	
丰县		苏北	
兴化		苏中	
句容		苏南	

续表

区域	收敛俱乐部	所在地区	t 值
启东	第三个	苏中	0.19
响水		苏北	
如东		苏中	
宝应		苏中	
宿迁(市区)		苏北	
徐州(市区)		苏北	
扬州(市区)		苏中	
新沂		苏北	
沛县		苏北	
沭阳		苏北	
泗阳		苏北	
涟水		苏北	
淮安(市区)		苏北	
溧阳		苏南	
灌云		苏北	
灌南		苏北	
盐城(市区)		苏北	
睢宁		苏北	
连云港(市区)		苏北	
邳州		苏北	
高邮		苏中	
昆山	发散	苏南	−417.20
江阴		苏南	
泗洪		苏北	
盱眙		苏北	
金湖		苏北	

观察表 9.6 可发现，江苏省就业人口密度收敛于几个区域性的俱乐部：南京(市区)、常熟、张家港、扬中、无锡(市区)、苏州(市区)6 个区域收敛为第一个

俱乐部;丹阳、仪征、南通(市区)、太仓、如皋、宜兴、射阳、常州(市区)、建湖、泰兴、泰州(市区)、海安、海门、滨海、镇江(市区)、阜宁、靖江这 17 个区域收敛为第二个俱乐部;东台、东海、丰县、兴化、句容、启东、响水、如东、宝应、宿迁(市区)、徐州(市区)、扬州(市区)、新沂、沛县、沭阳、泗阳、涟水、淮安(市区)、溧阳、灌云、灌南、盐城(市区)、睢宁、连云港(市区)、邳州和高邮这 26 个区域收敛为第三个俱乐部;此外,昆山、江阴、泗洪、盱眙和金湖 5 个区域不收敛于任何一个俱乐部。

表 9.7 是对收敛结果中的三大俱乐部所做的描述性统计,包括各俱乐部内各成员的平均水平、标准差以及即将收敛水平。具体而言,我们将最后一年各俱乐部内的最高水平作为俱乐部各成员所收敛的均衡水平,该数据在某种程度上也代表了俱乐部内其他成员的增长潜能。观察可以发现,第一个俱乐部的平均水平和收敛水平最高,并且可以发现俱乐部内的 6 个区域都位于经济发达的苏南地区,说明苏南地区劳动力的集聚水平很高;第二个俱乐部的平均水平和收敛水平次之,而俱乐部内区域半数位于苏中地区;第三个俱乐部内各成员的劳动力密度最低,同时也发现 26 个区域中有 18 个位于苏北地区。可以发现,在就业人口密度的空间分布上,江苏省内还是大致存在着苏南地区>苏中地区>苏北地区的分布态势,并且在各自的俱乐部内收敛于同一均衡水平。

表 9.7　各俱乐部描述性统计　　　　单位:人/千米^2

类别	第一个俱乐部	第二个俱乐部	第三个俱乐部
平均水平	777.40	463.59	240.53
收敛水平	836.40	646.61	415.25
标准差	60.55	121.23	66.08

9.5　研究结论与政策建议

9.5.1　研究结论

本章通过 β 收敛、σ 收敛以及俱乐部收敛检验对江苏省各区域就业人口密度的收敛情况进行了分析,从而对江苏省劳动力空间分布和劳动力集聚的态势形成一个更清晰直观的了解，这对研究劳动力跨区域流动以及区域经济发展的趋同问题有深远的意义。

结果表明，传统的收敛理论认为江苏省劳动力人口不存在收敛态势，处在一个逐渐发散的过程，也就是说劳动力人口不断向少数几个地区集中(可能是经济发达的区域或处在上升阶段的新兴区域)，强者恒强，弱者愈弱；而俱乐部收敛的检验结果表明，统计区域总体虽然不收敛，但是收敛了几个区域性的俱乐部，并且这些俱乐部有较为明显的地理特征，苏南的劳动力集聚水平高于苏中地区，苏中地区高于苏北地区。不同地区的俱乐部之间存在着均衡水平的差异，俱乐部内成员又收敛于同一均衡水平。这意味着劳动力供给的趋同只是有限区域内的趋同，并非全省范围内的趋同，不同地区间的发展仍然存在着差距，这为我们研究区域经济发展不平衡问题和劳动力集聚问题提供了新的思路和案例。

9.5.2　政策建议

(1) 继续发展现有集聚区，促进新经济集聚区的形成，实现新老集聚区的融合发展　资源和环境的压力，对于现有绝大多数劳动力集聚区来说，都是正在或即将不得不面临的问题，发展现有的劳动力集聚区，同时这些集聚区与相邻地区的运输条件，与边缘地区的专业分工程度，也是必须要改善的方面，这对解决集聚区的拥堵，从而促进区域经济一体化发展都是大有裨益的。

(2) 深化土地、户籍和社会保障制度改革，为劳动力的自由流动扫清制度障碍　生产要素的积累不充分是制约地区经济持续发展的主要约束。对于就业人口集聚地来说，经济发展所需的劳动力主要是来自不同区域之间的自由流动。因此，建立更加完善的户籍制度越来越成为社会发展的当务之急，与此同时，应保障城市的非户籍常住人口在住房、就业、子女教育等方面享有和户籍人口平等的待遇。此外，在某种程度上，劳动力的跨区域流通，能够缩小地区间以及城乡间的差距。从新经济地理学视角出发，受经济地理条件和要素天然禀赋的影响，区域经济发展不平衡，经济活动必然会向少数地区集中。因此，在未来中国经济社会中，将始终存在经济活动的重心，以及伴之而生的外围区域，应推动包括但不限于劳动力在内的各种要素的自由充分流通，从而推动不同地区社会福利水平的趋同。

(3) 关注劳动力流失地区的可持续发展　随着经济活动重心和发达地区的

发展，劳动力自然地向其集聚，对于人口流失地区，不可避免地会出现一系列的社会问题，例如人口老龄化问题、留守儿童和空巢老人问题，这些都是在实现中国梦伟大愿景的过程中必须解决的问题。因此地方政府要关注劳动力流失地区的可持续发展问题，包括要为劳动力流失地区的就业人员提供技能培训，从而提高劳动力素质，优化劳动力结构，还可以制定合适的人才引进政策，注重人民生活幸福度的提高，保障地区的可持续发展等。

10 江苏省区域人均资产趋同效应分析

10.1 引言

经济增长和区域经济发展差距问题一直是经济学领域理论和实证研究的重点对象。如何促进经济增长、缩小区域间差距,促进国民经济稳定协调持续发展,不仅是专家学者一直探讨的问题,各国更是不断追寻着答案。

经过改革开放40余年的发展,我国综合国力不断增强,生产力水平持续提高。在经济方面,中国经济实现了长期高速增长,经济规模不断壮大,经济实力显著提升,一跃成为世界第二大经济体。但是在取得这些瞩目成绩的同时,发展的不平衡、不充分问题也逐渐突显出来。

江苏省地处东部沿海地区,是我国的经济大省,全省GDP一直位于全国前列。尤其是改革开放以来,经济得到更为迅速和全面的发展。但是在江苏整体经济水平显著提高的同时,区域内部经济并没有得到共同与协调发展,省内苏北、苏中与苏南三大地区在经济总量、产业结构以及经济效益上差距十分明显。为促进区域经济的协调发展,政府不断出台相关政策统筹协调三大地区的发展,那么在这些政策的推动下,三者之间的差距能否呈现缩小的趋势,进而实现趋同发展?为将经济增长与区域协调发展两大任务有机统一,本章专注于区域经济增长收敛性问题,以资本收敛机制为理论核心,从区域视角出发,实证检验2001—2020年江苏省区域人均资产的趋同效应,探究资本要素在区域经济增长过程中的收敛性问题,从理论层面为制定江苏省经济发展战略提供思路。

10.2 文献综述

1956年,美国经济学家索洛提出了新古典增长模型,为经济趋同研究奠定了理论基础。新古典增长模型假设在资本边际报酬递减、外生变量不变的情况下，经济体会收敛于同一个稳态均衡点，即绝对收敛。根据这一理论，经济欠发达地区的资本边际产出发生递减的现象会比发达地区来得晚，从而获得更高的经济增长率。在这种情况下，发达地区经济增长将减缓，相应的，欠发达地区的经济增长速度将加快，最终的结果是两地区经济差距缩小，从而达到某一稳定的状态。

然而，实证研究的结果似乎与索洛模型背道而驰，实证数据显示各区域间的经济差距非但没有缩小，反而越来越大。基于这一现实与理论的反差，一些学者对索洛模型做出拓展并进行了新的解释。他们提出现实中各经济体的外生变量不可能完全相同，因此各经济体不会收敛到同一稳态均衡点，而是根据其外生变量的具体情况收敛到长期均衡点，即条件收敛。除此之外，将新古典增长模型框架下资本的边际报酬递减规律中的资本从单纯的物质资本扩展到包括人力资本在内的广义资本，据此形成了 MRW 模型，从而增强了收敛机制对现实世界的解释力。

从经济增长理论的发展过程可以看出，人力资本和物质资本都是现代经济增长的重要影响因素。有学者利用现代计量分析方法建立起了人力资本、物质资本与经济增长关系的矢量模型，并通过实证分析证实了物质资本与经济增长之间确实具有相关关系，且该关系在长期内保持稳定。研究还发现，短期而言，加大物质资本的供应可以有效且显著地促进经济增长。同时也有研究利用拓展的 MRW 模型进行实证研究，发现物质资本投资和人力资本投资对我国人均实际产出及经济增长均具有显著的促进作用，并且物质资本投资比人力资本投资的促进作用更强。有相关研究在时间序列数据上建立了 VEC 模型，实证考察了中国不同地区物质资本、人力资本与经济增长之间的均衡关系，结果表明，各地区物质资本与人力资本均显著正向影响区域经济增长。有人采用 Pooled Mean Group (PMG，混合组均值)估计和面板自回归分布滞后(ARDL)方法，对数据进行异质性面板因果检验、横截面检验，选取世界排名前 20 的经济体探索经济增长的主要因素，同样验证了物质资本对经济增长的显著促进作用。

此外，越来越多的学者也逐渐认识到人力资本对经济增长的深远影响。在新增长理论框架下，人力资本能够产生规模递增效应。长期来看，人力资本对经济增长的促进作用更为显著和有效。有学者通过对多个处于不同经济状况的国家进行物质资本与人力资本对于经济增长贡献关系的实证研究，研究结果表明，与其他国家相比，先进经济体的人力资本与物质资本之间的弹性要高得多，并且对于发达经济体来说，人力资本是比物质资本对经济增长贡献更大的要素。随着银行业的发展，金融资本对经济增长的影响也逐渐显露。也有学者从资本分工的视角出发，审查了金融资本对经济增长的影响，研究结果表明，适当的金融资本有助于推动经济稳定持续增长，而不足或过度的金融资本均会损害经济的稳定运行和增长。还有研究从系统动力学的视角出发，构建了一个包括科技创新、金融资本、经济增长这三大因素有机结合的相互作用系统，并论述了前两者对于经济增长的积极意义。

尽管学者对于资本收敛机制理论的研究已经比较完善，研究角度更加多元，层次也更加深入，但是从国内外现有的研究成果来看，学者往往都是从一个比较大的空间尺度来研究资本要素对经济收敛的贡献性问题，如按地理因素将地域分为东西、南北地带，或是直接从省域的角度进行研究，而很少涉及更小的空间单元。事实上中国幅员辽阔，区域经济形势复杂，不仅是不同地域、不同省份之间经济状况存在差异，即使是同一省份，各县（市、区）之间的经济发展水平也不尽相同。因此，需要考虑从市域和县域这样更小的空间单元，对特定区域的经济增长趋同性进行研究，这有助于我们更加深入地了解中国复杂区域的经济收敛状况。因此，本章采用多种收敛检验方式，对 2001—2020 年江苏省 53 个区域的人均资产水平的收敛性问题进行实证研究，探究资本要素在经济发展过程中的趋同效应。

10.3　数据来源

本章所有数据均来自《江苏统计年鉴》，时间序列为 2001—2020 年。由于样本期时间跨度比较长，在这段时间内，江苏省的行政区域划分发生了较大的变动。为方便研究，本章对行政区进行适当整合，仅保留平衡面板数据，最终得到 53 个区域样本[其中，地级市市区 13 个，县（市）40 个]。

综合考虑数据的代表性与可得性，本章选用规模以上工业企业人均资产指标来反映各区域的资本存量情况。《江苏统计年鉴》公布了各区域的规模以上工业企业资产总计数值，而这一数值为名义值，没有剔除价格水平变动的影响，不能真实地反映资产状况，为了保证数据的可比性，本章对资产总计数据进行不变价格处理。《江苏统计年鉴》给出了以 1990 年为基期(1990=100)的工业生产者出厂价格定基指数，本章使用这一定基指数对各年份的名义资产数据进行修正，得到 2001—2020 年各年份的实际资产总计数据。接着我们使用实际资产总计数据除以各年份的总人口，便可以得到我们所需要的规模以上工业企业实际人均资产数据。2010—2020 年江苏省各区域的规模以上工业企业实际人均资产的变异系数如表 10.1 所示：

表 10.1　江苏省 53 个区域规模以上工业企业实际人均资产描述性统计表

单位：元

年份	平均值	标准差	最大值	最小值	极差
2001	12 775.58	17 259.65	80 306.52	413.17	79 893.35
2002	14 692.95	20 591.33	97 385.50	485.33	96 900.17
2003	18 488.46	27 953.92	137 192.90	466.37	136 726.53
2004	23 264.58	36 374.63	175 929.10	646.46	175 282.64
2005	29 849.07	48 495.45	244 572.30	1 012.83	243 559.47
2006	36 838.64	59 783.13	300 280.40	1 334.09	298 946.31
2007	46 461.59	74 584.42	388 776.10	2 190.65	386 585.45
2008	54 473.29	82 438.59	415 273.80	2 700.93	412 572.87
2009	67 288.09	98 363.88	489 045.60	4 765.70	484 279.90
2010	83 204.43	114 788.00	552 873.60	5 700.92	547 172.68
2011	95 626.55	129 818.40	590 226.60	1 821.92	588 404.68
2012	106 770.20	133 842.20	605 210.10	11 095.97	594 114.13
2013	117 186.70	142 285.90	639 802.10	12 740.51	627 061.59
2014	125 363.20	142 822.60	633 342.90	15 451.66	617 891.24
2015	133 278.50	143 546.20	653 734.40	17 252.43	636 481.97
2016	141 281.90	148 236.30	676 805.10	18 318.60	658 486.50
2017	142 536.20	155 699.80	716 253.60	15 244.00	701 009.60
2018	142 422.80	160 426.80	738 048.10	10 722.96	727 325.14
2019	141 100.10	159 169.60	699 604.60	10 320.80	689 283.80
2020	151 651.00	165 400.60	732 679.30	14 071.87	718 607.43

10.4 实证分析

10.4.1 σ 收敛检验实证结果

σ 收敛检验可以检验区域之间的经济差异程度随着时间的推移而缩小的趋势，通常用变异系数(CV)来衡量。变异系数等于一组数据的标准差与均值之比，可以较为准确地度量数据之间的离散程度。如果变异系数随着时间的变化在缩小，则表明数据在样本期内存在着收敛的趋势，否则发散的程度在提高。图 10.1 给出了样本期内江苏省 53 个区域实际人均资产的变异系数随时间变化的情况。可以看出，在样本期内，江苏省各区域实际人均资产(本章指规模以上工业企业实际人均资产)的变异系数经历了一个动态变化的过程。2001—2005 年变异系数经历了一段上涨的过程，从 2001 年的 1.35 到 2005 年时上涨为 1.62，表明这段时间江苏省 53 个区域的实际人均资产的发散程度在提高，区域间的资本差距随着时间的推移存在着扩大的趋势；2006—2016 年变异系数则处于不断下降的趋势，2006 年的变异系数为 1.62，到 2016 年时已经下降到了 1.05，表明在此期间内，江苏省 53 个区域的实际人均资产处于收敛状态，区域间的资本差距随着时间的推移在缩小；2016—2019 年，变异系数继续经历了一段小幅上涨的过程，从 2016 年的 1.05 上涨至 2019 年的1.13，区域间的实际人均资产差距在扩大；而 2019—2020 年，变异系数又处于下降的趋势，区域间的实际人均资产差距继续缩小。

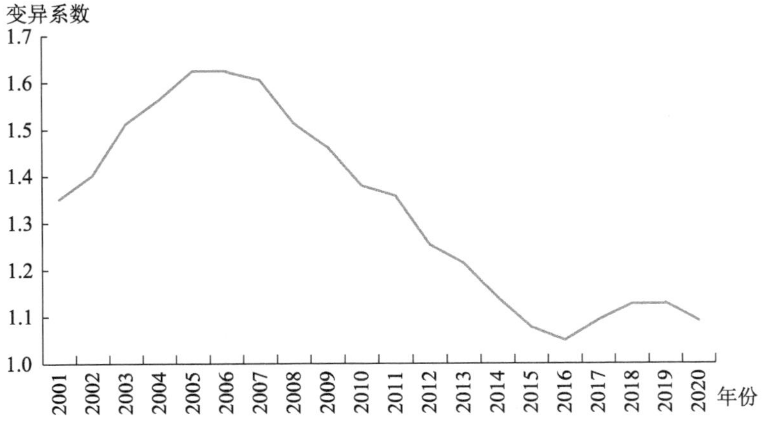

图 10.1　人均资产的 σ 收敛图

10.4.2 绝对 β 收敛检验实证结果

Barro 基于新古典经济增长模型提出了扩展模型以分析区域经济增长的收敛情况，此模型常被后人用于检验 β 收敛情况。该模型选用经济体某一时期的实际人均 GDP 增长率作为因变量，经济体在初始时期的实际人均 GDP 的对数作为自变量建立回归方程。所谓 β 收敛就是描述了实际人均 GDP 的增长率与初始人均 GDP 的对数之间的负相关关系，从本质上来说，β 收敛就是增长率的收敛。本章借鉴此模型对人均资本进行 β 收敛检验，采用各区域在 2001—2020 年这 20 年间的实际人均资产增长率作为因变量，各区域在 2001 年的初始实际人均资产的对数为自变量，建立回归方程进行检验，检验结果如表 10.2 所示。

表 10.2　实际人均资产的 β 收敛检验结果

统计量	数值
β 值	0.02
t 值	14.99
P 值	0.00

从检验结果可以看出，在 95%的置信水平下，β 值是显著大于 0 的，这表明，实际人均资产的增长速度与初始人均资产水平呈现负相关关系，即初始人均资产水平较低的地区比初始人均资产水平较高的地区有着更快的增长速度。按照这一发展趋势，可以判断江苏省各区域的实际人均资产增长结果最终会趋于一致，且 β 值为 0.02，表明欠发达地区与发达地区之间的实际人均资产差距以每年 2%的速度在缩小。

10.4.3 log t 检验结果

1）单位根检验结果

σ 收敛检验和绝对 β 收敛检验这两种检验的结果均表明，在样本期间内，江苏省各区域的实际人均资产情况从总体来看是趋于收敛的。这种收敛体现在两个方面，第一个方面是欠发达地区的实际人均资产增长速度高于发达地区，第二个方面是欠发达地区与发达地区的实际人均资产的差距从总体上来说是在不断缩小的。如果按照这样的收敛趋势发展下去，假定区域之间不存在经济增长条件的差异，发达地区与欠发达地区发展的结果最终会趋于一致，即收敛于相同的实际人均资产水平。然而，虽然 σ 收敛检验和绝对 β 收敛检验都比较直观地显示了样本期内实际人均资产的收敛情况，但是不少学者指出，这两种检验方法都存在一定的局限性。如 Phillips 指出的，如果数列存在诸如布朗运动、列维游走等这些不平稳的现象，那么方差的自然增长便会对 σ 收敛结果的有效性产生影响。Lichtenberg 指出，存在这样一种情形，如果某个区域在初期拥有较低的初始水平，属于欠发达地区，但是它拥有较快的经济增长速度，以至于到末期它的经济水平已经赶超了那些发达地区，并且此时的经济差距甚至超过了初期的差距，那么此时 β 收敛检验所得出的结果就会产生误导。因此，仅仅基于 σ 收敛检验和绝对 β 收敛检验的结果，我们还不能得出区域经济增长收敛与否的结论，还需要做进一步的检验来进行判断。

首先我们需要验证数据是否平稳，本章需要对所使用的面板数据进行单位根检验。针对面板数据的单位根检验，学者们提出了以下几种方法，如 Levin 提出的 LLC 检验、Harris 和 Tzavalis 提出的 HT 检验、Im 等人提出的 IPS 检验、Breitung 提出的 Breitung 检验以及 Hadri 提出的 Hadri 检验。LLC 检验、HT 检验、IPS 检验和 Breitung 检验这四种检验方法的原假设都是"假设所有的面板数据均包含单位根，面板数据不平稳"，因此，拒绝原假设就意味着面板数据是平稳的，相应的，接受原假设则意味着至少有一部分面板数据是含有单位根的；而 Hadri 检验的原假设则与其他四种检验的恰好相反，其假设是"不含有单位根，所有的面板数据均平稳"，因此拒绝原假设意味着至少部分面板数据是非平稳的。本章依次使用以上五种检验方法对实际人均资产面板数据进行单位根检验，检验结果汇总在表 10.3 中。

表 10.3　面板数据单位根检验结果

方法	统计量①	P 值	结论
LLC 检验	−1.71	0.04	没有单位根
HT 检验	0.97	1.00	含有单位根
Breitung 检验	13.27	1.00	含有单位根
IPS 检验	10.29	1.00	含有单位根
Hadri 检验	82.46	0.00	含有单位根

注：①LLC 检验的统计量为 t 统计量，HT 检验、Hadri 检验、IPS 检验的统计量为 z 统计量，Breitung 检验的统计量为 λ 统计量。

以上五项单位根检验结果中，有四项均显示面板数据存在单位根，因而可以认为本章使用的面板数据不是平稳的。在这种情况下，σ 收敛检验和绝对 β 收敛检验的结果不是绝对可靠的。

2）总体收敛检验结果

学者 Phillips 提出了 $\log t$ 检验方法，这种检验方法允许数据存在个体异质性以及不同时间趋势的存在，因而可以有效地弥补以上两种检验方法存在的不足。由于单位根检验结果显示面板数据是不平稳的，因此我们需要加入 $L(t)$ 来消除方差随时间的自然增长对收敛结果有效性的影响，根据 Phillips 的研究，使用 $L(t)=\log t$。 $\log t$ 检验方法不仅可以对总体收敛情况进行判定，同时当总体不收敛时还可以对个体的收敛情况进行进一步判定。然而，$\log t$ 检验的分析步骤较多，并且涉及大量的计算，因此该检验方法相对复杂。庆幸的是，中国经济学者 Du 开发出了一套完整的用于 $\log t$ 检验的 stata 指令包，本章借助该指令包，采用 $\log t$ 检验方法，对实际人均资产数据进行进一步检验。

首先，我们根据江苏省 2001—2020 年各区域的实际人均资产进行排序，并且参照 Phillips 的建议，我们将 r 设定为 1/3，$t=[rT]=\left[\frac{1}{3}\times 19\right]\approx 6$，即从第 6 年开始回归，一共有 53 个区域观测值。接着我们根据 Newey-West 的模型，并参照 Greene 的研究，确定滞后期 $L=T^{\frac{1}{4}}=(19)^{\frac{1}{4}}\approx 2$，以控制回归中的自相关和异方差。最后，考虑到时间趋势对面板数据可能造成的影响，我们先基于 HP 滤波法对人均资产进行平滑处理，然后基于处理后的数据，检验江苏省实际人均资产总体的收敛情况。当 t 值大于 -1.65 时，说明人均资产在江苏省区域范围内趋于收敛，当 t 值小于 -1.65 时说明不存在收敛趋势。

表 10.4　实际人均资产的 $\log t$ 总体检验结果

变量	估计系数	标准误	t 值
$\log t$	0.14	0.03	4.67

表 10.4 展示了 $\log t$ 总体检验的结果，检验结果中的 t 值大于 -1.65（置信水平为 95%），则不能拒绝样本数据总体收敛的原假设，也就是说，江苏省 53 个区域的实际人均资产存在着总体收敛的趋势，在区域范围内都将收敛于相同的稳定状态。这与前文我们所做的 σ 收敛检验和绝对 β 收敛检验的结果是一

致的。

3）俱乐部收敛检验结果

虽然 σ 收敛检验、绝对 β 收敛检验以及 $\log t$ 总体检验的结果均表明江苏省区域经济体的实际人均资产水平是趋于收敛的，这为江苏省区域经济趋同提供了理论基础。但是，与此同时我们也应该注意到，从 σ 收敛检验的结果来看，江苏省 53 个区域的实际人均资产水平在样本期内并不是始终处于一个收敛趋势的，而是经历了一段发散的时间，即呈现出先收敛，再发散，而后又收敛的趋势。那除了对收敛的数据进行相应的分析之外，我们也有必要对这一段发散的数据进行分析，以探究其发散的特点以及发散背后的原因，这有助于为收敛理论研究提供一些新的思路。因此，我们根据 σ 收敛检验的结果，对 2001—2005 年这一段发散的趋势进行俱乐部收敛检验，以判断发散的个体是否收敛于不同的俱乐部。

我们首先还是利用相同的方法，即 $\log t$ 检验方法，对 2001—2005 年这段时间的江苏省区域实际人均资产的总体收敛情况进行检验，检验结果汇总在表 10.5中。

表 10.5　2001—2005 年实际人均资产 $\log t$ 总体检验结果

变量	估计系数	标准误	t 值
$\log t$	−1.54	0.04	−35.31

可以看到，检验结果中的 t 值小于−1.65(置信水平为 95％)，那么我们需要拒绝样本数据总体收敛的原假设，也就是说，江苏省 53 个区域的实际人均资产不存在总体收敛的趋势，而是呈发散态势，这与我们前文所做的 σ 收敛检验中 2001—2005 年的检验结果是一致的。

然而，尽管检验的结果使我们拒绝了原假设，但是拒绝总体收敛并不意味着没有收敛，江苏省子系统内部很有可能收敛于几个区域性的小组，也就是呈现出俱乐部收敛态势。我们需要找出这几个收敛小组，分析其特征，以寻找不同区域长期存在经济差异的原因。以往学者通常会首先用相对主观的方法人为设定可能的收敛组，然后进行 σ 收敛或者 β 收敛检验，与之不同的是，我们按照 Phillips 的俱乐部检验步骤，当总体样本不存在收敛趋势时，利用试错的方法对所有的个体进行合并分类，一些处于同一稳定状态的水平的个体可以统一划分至一个收敛俱乐部。我们利用 stata 中的 psecta、scheckmerge 和 imergeclub 这三个命令考察 2001—2005 年江苏省 53 个区域实际人均资产的俱乐部收敛情况，具体结果如表 10.6 所示。

表 10.6　2001—2005 年江苏省 53 个区域实际人均资产的俱乐部收敛

区域	地区	俱乐部收敛	实际人均资产/元	估计系数	标准误	t 值
张家港	苏南	第一个	93 029.44	−0.15	0.14	−1.06
江阴	苏南		85 117.55			
太仓	苏南	第二个	74 397.63	3.04	0.69	4.40
苏州(市区)	苏南		82 000.07			
常熟	苏南	第三个	57 831.77	0.91	0.28	3.22
无锡(市区)	苏南		66 006.91			
丹阳	苏南	第四个	24 102.91	−0.10	0.13	−0.74
南京(市区)	苏南		44 657.88			
宜兴	苏南		26 909.14			
常州(市区)	苏南		40 419.40			
扬中	苏南		36 474.27			
溧阳	苏南		14 067.76			
镇江(市区)	苏南		34 614.35			
仪征	苏中	第五个	28 249.01	0.00	0.15	0.02
南通(市区)	苏中		12 557.38			
句容	苏南		13 095.61			
扬州(市区)	苏中		17 653.88			
泰州(市区)	苏中		12 150.03			
海安	苏中		6 648.04			
滨海	苏北		1 758.76			
靖江	苏中		18 313.84			
启东	苏中	第六个	5 810.58	0.33	0.14	2.43
如东	苏中		6 756.44			
如皋	苏中		4 492.39			
建湖	苏北		6 537.55			

续表

区域	地区	俱乐部收敛	实际人均资产/元	估计系数	标准误	t 值
徐州(市区)	苏北	第六个	7 603.11	0.33	0.14	2.43
泰兴	苏中		7 664.88			
淮安(市区)	苏北		6 212.59			
东台	苏北	第七个	5 010.83	−0.17	0.12	−1.45
兴化	苏中		3 972.29			
响水	苏北		2 393.98			
宝应	苏中		4 692.74			
射阳	苏北		4 354.00			
新沂	苏北		3 223.81			
盐城(市区)	苏北		6 195.33			
盱眙	苏北		2 814.20			
连云港(市区)	苏北		5 285.82			
金湖	苏北		4 716.35			
高邮	苏中		5 529.37			
东海	苏北	第八个	1 800.62	−0.12	0.11	−1.05
丰县	苏北		1 262.87			
宿迁(市区)	苏北		1 890.91			
沛县	苏北		1 462.79			
沭阳	苏北		604.83			
泗洪	苏北		1 954.55			
泗阳	苏北		1 600.73			
涟水	苏北		1 436.83			
灌南	苏北		1 445.06			
睢宁	苏北		846.15			
邳州	苏北		1 185.96			
昆山	苏南	发散	147 077.20	−1.91	0.04	−52.16
灌云	苏北		1 329.82			
阜宁	苏北		2 928.44			

从俱乐部收敛的结果来看，2001—2005 年 53 个区域的实际人均资产虽然不存在总体收敛的趋势，但是存在着俱乐部收敛，且收敛于八个俱乐部。其中，张家港和江阴收敛于第一个俱乐部；太仓与苏州（市区）收敛于第二个俱乐部；常熟和无锡（市区）收敛于第三个俱乐部；丹阳、南京（市区）、宜兴、常州（市区）、扬中、溧阳和镇江（市区）这 7 个区域收敛于第四个俱乐部；仪征、南通（市区）、句容、扬州（市区）、泰州（市区）、海安、滨海以及靖江这 8 个区域收敛于第五个俱乐部；启东、如东、如皋、建湖、徐州（市区）、泰兴以及淮安（市区）这 7 个区域收敛于第六个俱乐部；东台、兴化、响水、宝应、射阳、新沂、盐城（市区）、盱眙、连云港（市区）、金湖以及高邮这 11 个区域收敛于第七个俱乐部；东海、丰县、宿迁（市区）、沛县、沭阳、泗洪、泗阳、涟水、灌南、睢宁以及邳州这 11 个区域收敛于第八个俱乐部；最后，昆山、灌云以及阜宁这 3 个区域不收敛于任何俱乐部，呈发散态势。

根据俱乐部收敛检验的步骤，我们首先需要对所有区域的实际人均资产水平按照 2001—2005 年的平均值进行排序，然后使用 log t 检验的方法来确定核心收敛组。接着，我们将剩下的个体逐一加入其中，如果加入某个收敛组后所组成的新的组别通过了 log t 检验，那么我们就可以将该个体纳入核心收敛组，通过不断试错，我们认为这些通过检验的个体收敛并且组成了第一个收敛组。按照这种方法，我们对剩下的个体重复进行 log t 检验，以找出所有其他的收敛组。步骤完成之后，如果还有剩下的个体不收敛于任何一个收敛组，则认为这些个体是发散的。我们对所有区域的实际人均资本水平按照 2001—2005 年的平均值进行排序之后得到排名第一的地区为昆山，第二名为张家港，由于这两个区域所构成的小组未能满足 t_k 大于 -1.65 的要求，因而未能收敛于同一个俱乐部。因此，我们将昆山市剔除，将张家港与剩下的个体重复以上操作，最终得到江阴与张家港收敛于第一个俱乐部。以此类推，我们可以得到所有收敛的俱乐部以及剩下的不收敛于任何一个俱乐部的区域。根据俱乐部收敛的特征，同一个俱乐部的个体之间收敛于相同的稳定状态，而不同的俱乐部之间没有收敛的迹象，并且由于存在经济发展条件的差异，不同俱乐部之间的差距会持久存在，这样的结果是不利于区域协同发展的。

按照俱乐部收敛检验的步骤，排名越靠前的俱乐部拥有越高的稳态水平。我们从俱乐部收敛的结果来看，排名前 4 的俱乐部的个体均位于苏南地区，而苏中、苏北地区的均收敛于排名靠后的俱乐部，尤其是排名最后的第八个俱乐部的个体，全部是由位于苏北的区域构成。这一俱乐部收敛结果表明，江苏省各区域之间的实际人均资产水平存在着显著的区域性差异，苏南、苏中以及苏北三大地区之间存在着难以逾越的鸿沟。而资本是推动经济增长的关键要素，资产水平的不平衡会加剧经济增长的不平衡，如果按照这样的发展态势进一步发展且不加以干涉，区域之间的经济差距将会持续存在，这势必会对社会主义和谐社会的建设以及共同富裕目标的实现产生阻碍。值得一提的是，党和政府关注到并高度重视这一问题，并将“区域协调发展战略”制定为国家重大战略，以解决发展的不平衡问题。我们也可以看到，2005 年之后，江苏省区域人均资产水平是趋于收敛的，区域之间的资本差距在缩小。

10.5　研究结论与政策启示

10.5.1　研究结论

为了研究江苏省区域范围内实际人均资产的收敛情况，本章选取了江苏省 53 个区域为研究对象，综合采用 σ 收敛检验、绝对 β 收敛检验以及 $\log t$ 检验三种检验方法，对这 53 个区域 2001—2020 年间的实际人均资产的收敛情况进行了实证分析。实证结果显示，在样本期内，初始实际人均资产水平低的地区增长速度显著高于实际人均资产水平高的地区，并且这 53 个区域的实际人均资产的差异程度随着时间的推移在缩小，如果区域间不存在经济增长条件差异，在未来某个时刻，所有区域都将达到相同的人均资产水平。即样本期内，江苏省区域实际人均资产存在着趋同的现象。

此外，本章还注意到，2001—2005 年期间，江苏省区域实际人均资产经历了一段发散的过程，区域间的资本差距在扩大。为了分析发散的特点以及可能的原因，本章还对这段时间内江苏省区域人均资产水平进行了俱乐部收敛检验。检验结果显示，2001—2005 年期间江苏省区域人均资产收敛于不同的俱乐部，并且俱乐部呈现出明显的区域化特征。即苏南地区往往收敛于资本水平比较高的俱乐部，而苏中、苏北地区倾向于收敛于资本水平比较低的俱乐部。由于不同的俱乐部之间没有收敛的迹象，区域之间的资本差距将会持续存在。值得欣慰的是，得益于政府对区域协调发展问题的关注与重视，2005 年之后的实际人均资产水平是趋于收敛的，区域之间的资本差距在减小。那么在资本收敛机制的作用下，区域之间的经济差距也将缩小。

10.5.2 政策启示

本章研究发现，2001—2020年期间，江苏省区域实际人均资产水平差距经历了一段动态变化的过程，在经过一段时期的扩大后，江苏区域实际人均资产水平开始有了收敛的趋势，这表明党和政府为促进区域经济协调发展所做出的努力得到了回报。

从经济学的角度来看，在一国经济增长的过程中，资本要素是不可或缺的一环。在促进区域经济协调发展的实践中，引导资本合理流动，利用资本的收敛机制从而缩小区域之间的经济差距，是国家和社会需要重点考虑及努力的方向。与此同时，政府还应当继续加大对江苏省落后地区的资本投入，持续推进深化经济体制改革，通过降低贸易成本、优化产业结构、建设服务型政府等方式为资本的流动提供一个良好的运行环境，充分发挥资本的自我调节作用。除此之外，政策制定者还需要考虑的是，区域政策的制定和实施要注重发展的平衡性以及协调性，尊重经济发展规律，通过提高资本配置效率的方式，加强地区与地区之间的经济往来，使得资本、劳动力、技术以及信息等要素能够在地区间畅行无阻地流动与交换，从而加快趋同的步伐，有效地减小地区与地区之间在经济方面的差距，实现真正意义上的区域经济增长趋同。

11 江苏省数字经济区域收敛研究

11.1 引言

自改革开放以来，我国经济持续高速发展，中国的经济发展成就是世界瞩目的。但在亮眼成绩的背后，因长期依赖要素驱动而造成的经济发展不平衡的问题逐渐暴露出来，高耗能、高污染的生产方式严重影响了经济发展的效率，不利于社会福利水平的提高，甚至严重阻碍了社会的高速可持续发展。在中国进入新常态时期，国家的宏观经济调控目标已转变为实现社会经济均衡发展，加快共同富裕步伐，逐步缩小各区域间的经济发展差距。

党的十九大报告指出："我国经济已由高速增长阶段转向高质量发展阶段。"当前是我国经济转型升级的关键时刻，仅依靠要素规模驱动的经济增长方式无法带领我们跨越中等收入陷阱。而科技创新是驱动经济发展的第一动力，要保证经济高质量发展必须依靠科技创新，让创新成为驱动发展的新引擎。

新古典增长理论指出，资本边际产出效率随投入的增加是逐步递减的，故假设存在两个经济结构和消费偏好都极其相似的地区，领先一方的经济增长率会相对低于落后一方的经济增长率。因此，落后地区的经济发展水平最终会赶超发达地区，由此可见经济存在收敛性。从另一个方面看，区域经济收敛其实是一种表面现象，造成这种表面现象产生的内在核心原因是例如技术资源等内在因素存在着收敛趋势。可见，根据现代经济增长理论，不同国家或地区经济持续发展的内生性动力是其科技创新，创新能力的不同导致了各区域的经济发展水平不尽相同。所以综上分析可见，各区域间经济增长水平不同的根本原因在于他们的科技创新水平不同。所以如果我们可以证明各个区域间的科技创新能力存在收敛性，就可以间接说明各个区域间的经济发展水平存在收敛性。因此，本章以江苏省为例，选择人均专利申请授权量作为研究对象，对省内各区域的人均专利申请授权量收敛情况进行检验，以求从这样一个研究切面，对江苏省的区域经济趋同状况进行观察，进而对区域经济发展差异和区域公平问题进行研究。

11.2 科技创新驱动与经济收敛性增长的关系

新经济增长理论特别强调了技术进步存在内生性，技术进步与经济增长之间是相互促进的关系。其中，全要素生产率作为广义技术进步的代表被看作是经济增长的重要源泉，是科技创新发展对经济收敛性增长直接效应的体现。科技创新不仅有助于推动生产要素的使用效率产生质的飞跃，还可以改善收益情况，在经济增长的进程中起着核心驱动力的作用。

空间经济学原理认为，两个相邻区域的经济活动是存在一定互通性的，相互关联、互相融合。区域间的经济增长是相互依赖的，具有显著的空间相关性。新经济地理学派以不完全竞争理论和规模报酬递增理论作为研究基础，借助区域集聚存在“路径依赖”的现象，设计了一个动态多区域模型，通过定量分析证明了经济活动是存在空间集聚性的。区域经济系统是具有开放性的，各种物质和非物质的联系使得各区域间的经济增长不仅依赖自身条件，还依赖其他相关区域的经济发展情况。经济学家缪尔达尔在他的《经济理论与不发达地区》一书中提到过扩散效应理论，他认为一个国家或地区由于某些经济、政策或者技术等方面而兴建起大量企业，然后逐步形成一个经济中心，此经济中心必然会对周边国家或地区产生扩散辐射效应，这就会带动临近的国家或地区的经济增长，最后临近的国家或地区也会反过来对经济中心产生一定的溢出或扩散效应。

综上分析可知，当相邻的地区间存在科技创新水平的区位差异时，若各地区间的其他方面是存在一定相似性的，创新便会驱动知识技术的扩散，这便是创新的扩散能力，此时区位差异便会逐步缩减，最终带动整个大区域的经济增长趋于收敛。图 11.1 利用路径图展示了技术创新对区域间经济收敛性增长的驱动力是如何作用的，创新的扩散效应在相邻区域间是如何形成循环累计效应的。

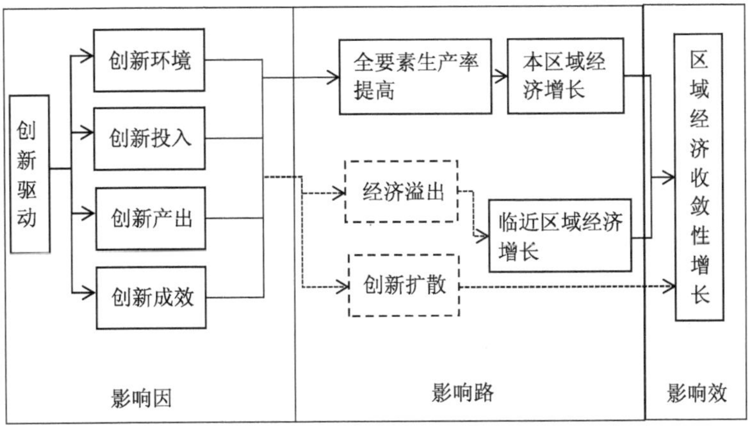

注：虚线代表创新驱动对区域经济收敛性增长产生空间溢出效应

图 11.1 创新驱动对区域经济收敛性增长影响的路径图

11.3 江苏省科技创新现状

江苏省的科研投入力度和研创能力在我国长期处于领先水平，江苏省经济常年位于全国前列，其重要动力来源于科技创新。2020 年江苏省专利申请量仅次于广东省，居全国第二名，专利申请量达 196 799 件。

江苏省作为全国科研强省十分重视科技创新的发展，从表 11.1 可看出，江苏省研究机构数、研究与试验发展经费内部支出以及研究与试验发展经费支出占地区生产总值比重总体上保持稳步增长态势。这增强了江苏省从事科技活动的基础力量，有利于改善科技创新环境、促进科技成果的涌现。

表 11.1 江苏省研究机构数、研发经费内部支出以及研发经费支出占地区生产总值比重

年份	研究机构数/个	研究与试验发展经费内部支出/亿元	研究与试验发展经费支出占地区生产总值比重/%
2016	25 402	2 026.87	2.62
2017	24 112	2 260.06	2.63
2018	24 728	2 504.43	2.69
2019	26 087	2 779.52	2.82

图 11.2 为 2020 年苏南、苏中、苏北地区的专利申请授权占比，图 11.3 为 2020 年江苏省十三个地级市的专利申请授权量。从图表中可明显看出，江苏省内区域间的科技创新水平参差不齐，苏南地区遥遥领先于苏中和苏北地区。

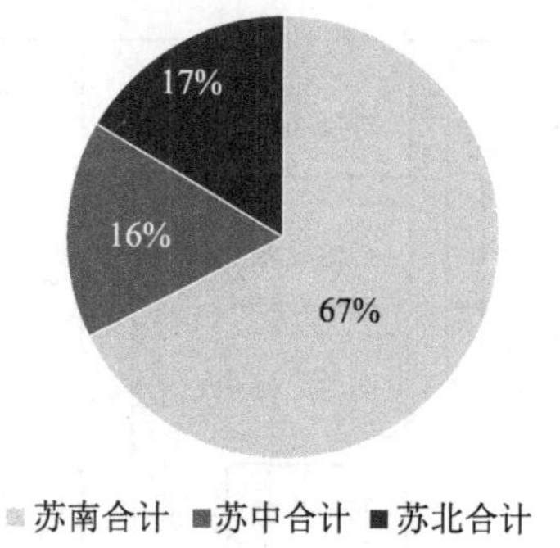

图 11.2　2020 年苏南、苏中、苏北地区的专利申请授权量占比

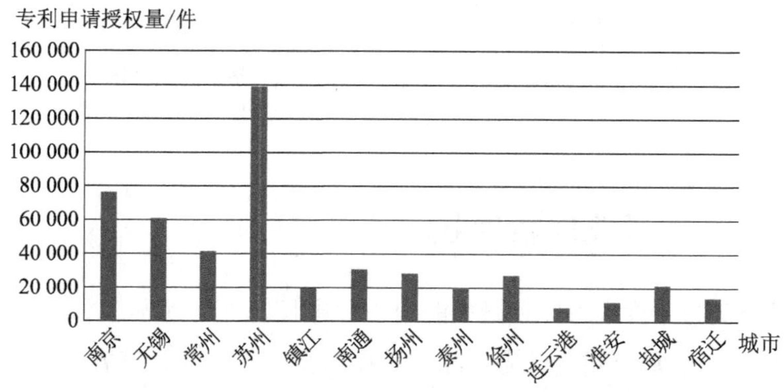

图 11.3　2020 年江苏省十三个地级市的专利申请授权量

11.4　实证分析

11.4.1　数据选择

本章选择人均专利申请授权量来衡量创新能力，虽然部分学者认为专利数量在经济影响效力方面具有较大的差别，并不是所有的专利都具备有效的经济价值，但是，专利数量是测度地区创新能力的最直接客观的指标，且我们可以通过数据库获取相关数据，这就避免了因定义模糊或企业数据未披露等原因而造成数据缺乏可比性的问题。再者，专利是统一由国家专利局审批授权的，根据国家专利分配计划统一分类，其中包含大量创新信息。而且，专利计数方法多次被用于以往许多估计技术变化的研究中，是专家学者普遍认可的测度指标。本章所使用的所有数据均来源于2009—2020年的《江苏统计年鉴》。选择2009年为初始年份，是因为本章所需数据即江苏省各区域的“专利申请授权量”在2008年及之前未被收录至《江苏统计年鉴》中，无法得到相关数据。另外，由于江苏省部分区域在2009年至2020年这12年的时间跨度内行政区划有所调整以及数据可获性存在差异，我们为保持面板的平衡，最终使用了53个区域，2009—2020年共636条“人均专利申请授权量”数据。描述性统计见表11.2。

表11.2　2009—2020年江苏省人均专利申请授权量的描述性统计结果

单位：件/万人

变量	最小值	最大值	平均值	标准差
人均专利申请授权量	0.31	177.59	23.85	24.39

注：1. 人均专利申请授权量＝专利申请授权量/年末常住人口。
2. 本表样本数量为636条数据。

11.4.2　传统收敛检验

1）绝对β收敛检验

β收敛指某些地区原始水平相对较低，但因其拥有较高的增长率而在未来某个阶段追赶上了那些原始水平较高的地区，最终达到了一个相对的稳态水平。β收敛分为绝对β收敛和条件β收敛，条件β收敛是在绝对β收敛的基础上引入了其他可能影响收敛效果的控制变量，即绝对β收敛认为即使不加入控制变量，不同地区间也会存在收敛趋势，而条件β收敛认为只有加入控制变量，不同地区间才能呈现收敛趋势。为使分析简单化，本次只进行绝对β收敛检验。据Barro的思路，构建如下模型进行检验：

$$[\ln(X_{i,t+T})-\ln(X_{i,t})]/T=\alpha+\beta\ln(X_{i,t})+\varepsilon_{it} \tag{11.1}$$

式中，i和t分别为区域和年份；X为人均专利申请授权量；T为时间跨度；ε为随机误差；α、β为待估计系数。

表11.3显示的是江苏省各区域人均专利申请授权量的绝对β收敛检验的估计结果。结果显示各区域人均专利申请授权量趋于收敛，且在1%的水平上

显著，收敛速度为3.36%。

表11.3 江苏省各区域人均专利申请授权量的绝对β收敛检验的估计结果

统计值	数值
β 值	0.033 6
标准误	0.005 7
t 值	5.84
P 值	0.00

然而，β 收敛由于其自身固有缺陷，只能证明人均专利申请授权量较少的区域的增长速度领先于原本人均专利申请授权量较多的区域，但它无法证明各区域间的差距是否缩小，因为在现实生活中，落后地区是存在最终超越领先地区的可能的，甚至两者差距相较于初期会进一步扩大。通过分析江苏省各区域的人均专利申请授权量的差距及增长情况，见表11.4，我们发现，许多初期落后区域的增长速度极快，在末期甚至赶超初期领先区域，例如初期排名第28名的高邮，其人均专利申请授权量从2009年的3.50件/万人，增加至2020年的116.22件/万人，排名第3位，超越了众多原本领先的区域。可见，β 收敛存在一定缺陷，因此我们需要进行进一步检验。

表11.4 江苏省各区域的人均专利申请授权量的变动情况

区域	2009年数值/（件/万人）	初期排名	2020年数值/（件/万人）	末期排名	增长比例/%
昆山	83.39	2	136.83	1	64.08
扬中	23.68	6	123.95	2	423.44
高邮	3.50	28	116.22	3	3 220.57
苏州（市区）	62.21	3	108.91	4	75.07
太仓	87.63	1	92.90	5	6.01
南京（市区）	10.51	16	81.89	6	679.16
无锡（市区）	20.14	7	81.33	7	303.82
常州（市区）	13.52	13	78.27	8	478.92

续表

区域	2009 年数值/（件/万人）	初期排名	2020 年数值/（件/万人）	末期排名	增长比例/%
张家港	60.11	4	69.75	9	16.04
海安	15.08	11	69.33	10	359.75
宜兴	9.50	18	65.17	11	586
扬州(市区)	5.50	23	62.46	12	1 035.64
镇江(市区)	15.09	10	61.71	13	308.95
丹阳	12.01	14	58.70	14	388.76
金湖	4.87	24	57.03	15	1 071.05
靖江	8.51	19	55.68	16	554.29
常熟	28.49	5	53.53	17	87.89
江阴	18.63	9	51.92	18	178.69
仪征	7.41	21	45.10	19	508.64
泰州(市区)	5.54	22	45.08	20	713.72
南通(市区)	14.05	12	39.68	21	182.42
宝应	3.14	29	37.47	22	1 093.31
兴化	2.56	31	36.36	23	1 320.31
建湖	2.33	34	32.61	24	1 299.57
泰兴	4.21	27	32.56	25	673.40
新沂	1.86	36	32.47	26	1 645.70
盐城(市区)	2.37	33	32.09	27	1 254.01
启东	7.88	20	31.65	28	301.65
溧阳	4.41	26	31.13	29	605.90
徐州(市区)	2.52	32	30.13	30	1 095.63
东台	2.68	30	29.22	31	990.30
宿迁(市区)	0.50	51	27.99	32	5 498.00
泗阳	0.78	48	27.77	33	3 460.26

续表

区域	2009年数值/(件/万人)	初期排名	2020年数值/(件/万人)	末期排名	增长比例/%
句容	10.26	17	26.89	34	162.09
如东	19.77	8	26.49	35	33.99
沭阳	0.32	52	26.30	36	8 118.75
淮安(市区)	1.89	35	25.81	37	1 265.61
如皋	10.78	15	25.62	38	137.66
睢宁	0.79	47	24.27	39	2 972.15
丰县	1.54	39	23.36	40	1 416.88
阜宁	1.13	45	22.42	41	1 884.07
射阳	1.46	40	22.29	42	1 426.71
泗洪	0.31	53	20.37	43	6 470.97
邳州	1.04	46	18.43	44	1 672.12
连云港(市区)	1.82	38	17.51	45	862.09
盱眙	1.86	37	16.96	46	811.83
东海	1.30	43	16.05	47	1 134.62
涟水	1.34	42	15.56	48	1 061.19
沛县	4.57	25	13.76	49	201.09
滨海	1.15	44	13.73	50	1 093.91
响水	0.72	49	12.78	51	1 675.00
灌云	0.65	50	9.53	52	1 366.15
灌南	1.40	41	6.42	53	358.57

2）σ 收敛检验

考虑到研究的严谨性，我们在 β 收敛的基础上，进一步检验江苏省各区域的人均专利申请授权量的 σ 收敛情况。σ 收敛是指各区域会随时间的推移而趋向收敛，分散程度是逐渐下降的。当前，我们通常利用基尼系数、变异系数、泰尔指数和标准差等指标检验 σ 收敛情况。学者多选择使用变异系数，因为其测算相对简单，且可消除测量尺度的影响。

故本章也选择变异系数来检验江苏省各区域的人均专利申请授权量的收敛情况，变异系数计算公式如下：

$$CV_{it}=\frac{\sqrt{\sum(X_i-\bar{X})^2/n}}{\bar{X}} \tag{11.2}$$

式中，i 和 t 分别为区域和年份；CV 为变异系数；X 为人均专利申请授权量；$\bar{X}$ 为人均专利申请授权量的平均值；n 为样本区域的个数。

表 11.5 显示的是 2009—2020 年江苏省各区域的人均专利申请授权量的变异系数。

表 11.5　2009—2020 年江苏省各区域的人均专利申请授权量的变异系数

年份	变异系数
2009	1.68
2010	1.55
2011	1.48
2012	1.13
2013	1.03
2014	0.86
2015	0.72
2016	0.70
2017	0.78
2018	0.75
2019	0.79
2020	0.70

根据 2009—2020 年江苏省各区域的人均专利申请授权量计算所得的变异系数绘制成折线图，结果如图 11.4 所示。

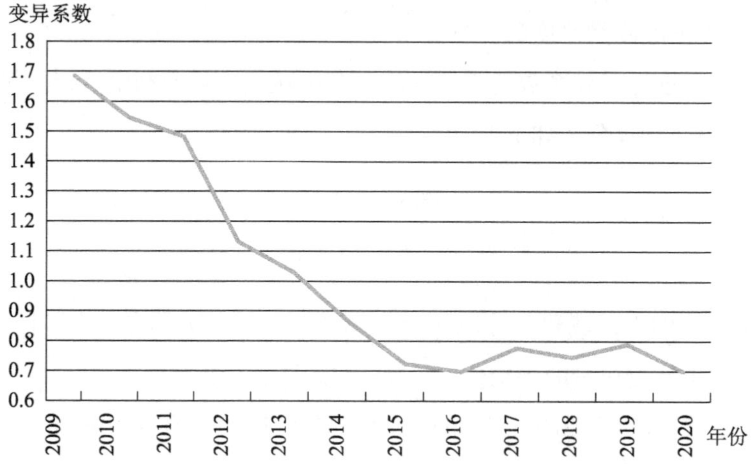

图 11.4　江苏省各区域人均专利申请授权量 σ 收敛检验的估计结果

从图 11.4 可以看出，江苏省各区域的人均专利申请授权量的变异系数在 2009—2016 年呈下降趋势，且下降速度相对较快，下降幅度也相对较大，从 2009 年的 1.68 降低至 2016 年的 0.70。后期 2016—2020 年江苏省各区域的人均专利申请授权量的变异系数虽有所波动，但总体仍呈现收敛趋势。所以，我们通过 σ 收敛检验江苏省各区域的人均专利申请授权量的收敛情况，结果显示总体呈现收敛趋势。

11.4.3　俱乐部收敛分析

上文的研究结果显示，江苏省各区域的人均专利申请授权量存在绝对 β 收敛趋势和 σ 收敛趋势，但这两种传统检验方法都存在一定的局限性。针对绝对 β 收敛，若原先处在落后状态的地区增速较快，以至于在末期超过了初期的领先地区，收敛就无法证明是地区间差距的减小，甚至两者间的差距存在大于初期的可能。而对于 σ 收敛检验，虽然其给出的结果比较直观，但若数据无法始终处于稳态，就无法展示出明确的判断结果，甚至会出现误判，方差的自然增长也会使 σ 收敛出现误导性，例如存在布朗运动，可见通过计算变异系数进行的传统 σ 收敛检验也存在会得出有偏误性结论的可能。更为关键的一点是，σ 收敛检验和绝对 β 收敛检验都忽视了俱乐部收敛。

对此，我们进行 $\log t$ 检验，$\log t$ 检验不仅可以判定总体是否收敛，还可以判定是否存在俱乐部收敛情况，即在总体发散的时候，可进一步判定个体是否还存在收敛于不同俱乐部的情况。当总体样本不存在收敛趋势的时候，我们不用再人工地将样本数据划分重组，只需要通过逐步试错将所有个体的收敛情况进行聚类，就可将收敛在同一稳态水平的个体划为一个收敛俱乐部，这样我们便可把所有局部收敛情况甄别出来，形成不同的收敛俱乐部。因此在本章我们将继续进行俱乐部收敛检验。

1）单位根检验

首先，进行单位根检验，以测试江苏省各区域人均专利申请授权量的数据是否平稳。本章同时采用了 LLC 检验、IPS 检验、Hadri 检验、HT 检验以及 Breitung 检验方法对面板数据进行单位根检验，以判断各区域人均专利申请授权量的数据是否平稳。其中，LLC 检验、IPS 检验、HT 检验和 Breitung 检验，这四种检验方法的原假设都为"所有的面板数据都包含单位根，面板数据不平稳"，所以，当面板数据是平稳的时候就拒绝原假设，至少部分面板数据含有单位根时就接受原假设。而 Hadri 检验方法的原假设是"不含有单位根，所有的面板数据均平稳"，因此，拒绝原假设意味着至少部分面板数据是非平稳的。表 11.6 单位根检验结果表明，Hadri 检验在 1％的置信水平下均拒绝了原假设，LLC 检验、IPS 检验和 Breitung 检验接受了所有面板数据包含单位根的原假设，四种检验方法检验结果显示出一致性。因此，我们得出江苏省各区域人均专利申请授权量的面板数据存在单位根，是不平稳的结论，这体现了我们接下来进行俱乐部收敛检验的必要性。

表 11.6　单位根检验结果

方法	统计量①	P 值	结论
LLC 检验	4.18	1.000 0	含有单位根
IPS 检验	6.90	1.000 0	含有单位根
Hadri 检验	17.54	0.000 0	含有单位根
Breitung 检验	4.27	1.000 0	含有单位根

注：①LLC 检验的统计量为 t 统计量，IPS 检验、Hadri 检验的统计量为 z 统计量，Breitung 检验的统计量为 λ 统计量。

2）总体收敛检验

我们根据2009—2020年的人均专利申请授权量对江苏各区域进行排序。此外，参考Phillips等人的建议，我们将r设定为0.333 3，回归检验就从$t=[rT]=[0.333\,3\times 12]$的整数部分即第4年开始，一共有53个区域的观测值。为了进一步控制回归中的自相关和异方差，我们采用Newey-West的回归模型，根据Green的建议，将滞后期选为$L=T^{\frac{1}{4}}=(12)^{\frac{1}{4}}\approx 2$。考虑到面板数据可能存在时间趋势，我们首先用pfilter指令基于HP滤波法对人均专利申请授权量进行平滑处理。然后，基于平滑处理后的数据，利用logtreg指令检验江苏省各区域的人均专利申请授权量的收敛情况。当t值大于-1.65时，说明江苏省各区域的人均专利申请授权量趋于收敛，而当t值小于-1.65时，说明不存在收敛趋势，具体结果如表11.7。结果表明，人均专利申请授权量在江苏范围内存在总体收敛趋势(t值大于-1.65)，53个区域均收敛于一个俱乐部。这与σ收敛和绝对β收敛检验的结果均一致。

表11.7　log t 检验结果

变量	估计系数	标准误	t值	敛散性判断
log t	0.848 5	0.070 3	12.061 1	收敛

3）俱乐部收敛检验

在对2009—2020年江苏省各区域的人均专利申请授权量进行log t检验可以发现，面板数据呈现总体收敛的趋势。这在某种程度上印证了传统收敛检验的结果，但是仍存在值得探讨的问题。在前文，我们进行σ收敛检验时发现2016年前江苏省各区域的人均专利申请授权量呈现明显的收敛态势，但是2016年之后，人均专利申请授权量的变异系数上下波动后，趋向平稳，这一现象使我们对不同时间段内收敛态势是否不一致产生好奇。因此，本节参考前文σ收敛检验的结果将研究时间以2016年为节点分为两段，再次分别进行log t检验。表11.8显示的是2009—2016年、2017—2020年两个不同研究时间段的log t检验结果，结果显示，在2009—2016年，江苏省各区域的人均专利申请授权量是呈收敛态势的(t值大于-1.65)；2017—2020年，江苏省各区域的人均专利申请授权量是呈发散趋势的(t值小于-1.65)。

表 11.8　2009—2016 年、2017—2020 年江苏省人均专利申请授权量的 log t 检验结果

时间	估计系数	标准误	t 值	敛散性判断
2009—2016 年	0.486 3	0.061 9	7.852 0	收敛
2017—2020 年	－1.477 2	0.087 4	－16.908 3	发散

故我们接着利用 stata 指令 psecta、scheckmerge 和 imergeclub 考察 2017—2020 年江苏省人均专利申请授权量的俱乐部收敛情况。具体结果如下，2017—2020 年江苏省人均专利申请授权量虽总体发散，但江苏省子系统内部是存在俱乐部收敛趋势的，收敛于七个俱乐部。昆山、高邮收敛于第一个俱乐部；扬中、苏州（市区）收敛于第二个俱乐部；南京（市区）、太仓、常州（市区）、无锡（市区）、海安收敛于第三个俱乐部；丹阳、仪征、兴化、宜兴、常熟、建湖、扬州（市区）、新沂、江阴、泗阳 、泰州（市区）、金湖、镇江（市区）、靖江收敛于第四个俱乐部；东台、丰县、南通（市区）、句容、启东、如皋、宝应、宿迁（市区）、射阳、徐州（市区）、沭阳、泗洪、泰兴、淮安（市区）、溧阳、盐城（市区）、盱眙、睢宁、邳州、阜宁收敛于第五个俱乐部；东海、响水、如东、沛县、涟水、滨海、连云港（市区）收敛于第六个俱乐部；灌云、灌南收敛于第七个俱乐部；张家港呈发散趋势，不与其他任何地方收敛。详见表 11.9。

表 11.9　2017—2020 年江苏省人均专利申请授权量的俱乐部收敛情况

区域	地区	俱乐部收敛	估计系数	标准误	t 值
昆山	苏南	第一个	1.685	0.694	2.428
高邮	苏中				
扬中	苏南	第二个	－0.040	3.002	－0.013
苏州（市区）	苏南				
南京（市区）	苏南	第三个	－0.176	0.246	－0.715
太仓	苏南				
常州（市区）	苏南				
无锡（市区）	苏南				
海安	苏中				

续表

区域	地区	俱乐部收敛	估计系数	标准误	t 值
丹阳	苏南	第四个	0.186	0.331	0.561
仪征	苏中				
兴化	苏中				
宜兴	苏南				
常熟	苏南				
建湖	苏北				
扬州(市区)	苏中				
新沂	苏北				
江阴	苏南				
泗阳	苏北				
泰州(市区)	苏中				
金湖	苏北				
镇江(市区)	苏南				
靖江	苏中				
东台	苏北	第五个	0.323	0.251	1.287
丰县	苏北				
南通(市区)	苏中				
句容	苏南				
启东	苏中				
如皋	苏中				
宝应	苏中				
宿迁(市区)	苏北				
射阳	苏北				
徐州(市区)	苏北				
盐城(市区)	苏北				
盱眙	苏北				
睢宁	苏北				
邳州	苏北				

续表

区域	地区	俱乐部收敛	估计系数	标准误	t 值
阜宁	苏北	第五个	0.323	0.251	1.287
沭阳	苏北				
泗洪	苏北				
泰兴	苏中				
淮安(市区)	苏北				
溧阳	苏南				
东海	苏北	第六个	1.783	0.653	2.731
响水	苏北				
如东	苏中				
沛县	苏北				
涟水	苏北				
滨海	苏北				
连云港(市区)	苏北				
灌云	苏北	第七个			
灌南	苏北				
张家港	苏南	发散	−2.909	3.430	−0.848

观察表 11.9 我们可以得出以下发现：第一个、第二个和第三个俱乐部，其成员全都是苏南和苏中的区域，且前三个俱乐部共 9 个区域，苏南就占 7 席，占比约 78%；第四个俱乐部的苏中、苏南和苏北成员相对平均；第五个俱乐部的成员多为苏北的区域，占比为 65%；第六个和第七个俱乐部中，除如东以外，其余成员均为苏北的区域。这说明，2017—2020 年，江苏省的人均专利申请授权量的收敛情况是存在地域性的，各区域间的科创实力存在差异性。

11.5　研究结论与政策启示

11.5.1　研究结论

（1）科技创新水平是一个地区综合竞争力的重要组成因素之一，对该地区的经济增长力有着极其显著的影响。且各地区间科学技术创新水平的差异对各自的经济增长速度有着很强的影响力，如果一个地区的创新能力呈现出收敛性，那么可以间接判断其经济发展水平也存在一定收敛趋势。所以江苏省应该继续致力于科技创新能力的发展，可有效推动省内各区域经济收敛性增长。

(2) σ 收敛检验、绝对 β 收敛检验以及 $\log t$ 检验结果均表明 2009—2020 年江苏省各区域的人均专利申请授权量存在总体显著收敛趋势。

(3) 俱乐部收敛检验结果表明 2017—2020 年江苏省各区域的人均专利申请授权量不收敛，呈发散态势，其子系统内部收敛于七个俱乐部。

11.5.2 政策启示

(1) 开放区域创新机制和创新活动，加强要素的自然流动　经济可持续发展需要生产要素的自由流动作为前提，这也是我们研究经济增长模型的必要假设。资源是有限的，唯有自由流动才能实现其使用价值最大化。若资源无法实现自由流动，甚至还受到多重限制，便会影响经济的收敛性发展，减缓地区可持续发展步伐。对于区域的科技创新活动也是一样的道理，如果各地区的创新生产要素无法实现自由流动，便极有可能造成区域间创新活动发展不平衡，进而市场出现失灵的不良后果，从而对经济增长收敛性发展产生负面影响。

(2) 统筹政策平台，提高区域创新网络构建能力　从区域发展的角度来看，完善各区域间的产业分工和科技合作对推动区域间协同可持续发展有着十分重大的意义。构建区域一体化的创新性空间网络是推动各区域经济收敛性增长的有效选择。统筹各级政策平台，构造多层级科技创新网络体系，有助于加快江苏省内各区域经济收敛性发展的速度。

(3) 助力区域间创新与经济发展两者的良性互动　针对各区域间经济发展的实际情况，我们需要深入研究其区域内创新活动的具体内容与显著特征，切实有效地精准分析，将科技创新体系与经济发展政策有效结合，加强区域创新活动与区域经济发展间的良性互动，通过构建共享机制有效改善区域间创新发展不均衡的现象，推动区域间经济收敛性增长。

(4) 加强科研投入力度，推动创新成果转型升级　江苏省的科技研究投入水平一直处于国家领先位置，但随着科技创新步伐的加快，科研投入的强度仍需进一步加强。而且，具体观察近年来江苏省的科技转化效率及创新质量我们可以发现，其与发达国家的差距仍是十分明显的。所以推动创新成果进一步转型升级是我们现在创新工作的关键，也是进一步推动经济发展的需要。

12 江苏省互联网普及率趋同效应分析

12.1 引言

2021 年 8 月 27 日第 48 次《中国互联网络发展状况统计报告》发布，截至 2021 年 6 月，我国网民规模达 10.11 亿人，2001 年底互联网网民数为 3 370 万人，20 年内我国互联网网民规模增长了 29 倍。大数据、云计算、人工智能等新兴技术的迅猛发展和应用，使得数字经济出现在了生活的方方面面，极大地改变影响着社会生活。

《中华人民共和国国民经济和社会发展第十四个五年（2021—2025 年）规划和 2035 远景目标纲要》提出“加快数字化发展建设数字中国”“打造数字经济新优势”“壮大经济发展新引擎”。江苏省第十四次党代会提出要发展“数字经济”，坚持把数字经济作为江苏发展的关键增量，加快建设“网络强省”、数字江苏、智慧江苏，力争为经济高质量发展插上信息化翅膀、增添强大新动能。《中国互联网发展报告 2021》蓝皮书指出，江苏互联网发展指数综合排名全国第五，江苏正在构建 5G 产业图谱在线系统，加快构建 5G 产业生态。

数字经济与传统的农业经济或工业经济有所不同，数字经济的关键生产要素是数字化的知识和信息，数字经济的特征之一是互联网的跨界融合。数字经济全面促进了实体经济的转型升级，在全社会引发了一场新型的数字化革命，数字化革命是在互联网时代、后金融危机时代背景下，各国发展经济、提升综合竞争力的重要推动力。从微观层面来看，数字经济借助规模经济、范围经济和长尾效应可以形成更好的供需匹配；在宏观层面来看，新的生产要素、更快更高效的资源配置效率可以更好地推动国民经济的增长。

12.2　研究回顾

有学者研究了数字经济是如何作用于城市经济发展的，结果表明，完善数字经济产业体系，优化其发展环境，建立相关治理体制，能带来城市经济的高质量发展。互联网是数字经济发展的平台与载体，借助互联网这一重要载体，人们日常生活中的交易、沟通和合作往来实现了数字化，变得更为高效，经济社会也得以高速发展。数字经济可持续发展分析建立了包括 4 个一级 16 个二级指标的评价指标体系，全指标体系中有互联网宽带接入用户数、R&D 经费内部支出、电商销售额等，随后再通过主成分分析法提取主成分，研究表明信息基础设施对于数字经济的可持续发展具有决定性的意义。有研究强调了信息基础设施对于数字经济发展的重要性，认为其是推动数字经济可持续性发展的核心驱动力。也有研究发现互联网能够减少信息摩擦，减少信息不对称现象发生的概率，使得平台经济和共享经济加速发展，互联网能进一步打破时空的约束，模糊虚拟经济与实体经济的边界，丰富数字经济的内涵。

有学者从现代经济增长理论的角度入手，得出互联网金融的发展能对资本边际产出率、储蓄-投资转化率和储蓄率产生正向影响的结论，认为互联网金融可以对中国宏观经济增长产生有效的促进作用。也有学者认为“互联网＋”具有高生产率、高技术创新和高产业关联性的产业特性，可以稳定新常态经济增长。有研究发现我国的城镇和乡村居民消费存在条件趋同，除此以外，一些互联网发展水平相仿的地区之间保持着更快的条件趋同速度，互联网发展促进了城乡居民消费水平、消费率的提升和消费结构的升级。从互联网技术、平台、思维和网络效应这 4 个维度进行研究，研究结果表明互联网对中国全要素生产率技术进步产生显著的正向促进作用。

互联网对我国农村居民消费总量及分类消费量均具有促进作用，其中对我国东部地区的影响是最大的。有学者在文章中使用了中国家庭动态跟踪调查数据，发现互联网可以帮助城乡居民在原有收入的基础上再增加 60％左右的收入，而且互联网可以帮助农村地区增加大约 78％的收入，远高于非农村地区 38％的增加率。互联网普及可以缩小城乡收入差距，不过在中国的东、中、西部存在地区差异。有研究者在文章中构建了双异质贸易理论分析框架，通过数理模型发现互联网贸易能缩小地区内收入差距和城乡收入差距。也有研究发现互联网的使用可以提高农产品的市场价值，增加农村居民收入，但也会扩大收入差距。

一些学者研究了互联网对于经济增长的影响机制，对各地区分别进行研究后发现，影响路径存在明显的地区差异。也有研究使用 2005—2016 年省际面板数据研究互联网普及，研究结果表明互联网普及在中国存在显著的省际差异，且这种差异满足 σ 收敛和 β 收敛。影响互联网普及的各因素中，经济发展水平、民众受教育水平和政府管理规制水平是其中的重要因素，各因素对于各省的影响程度也存在省际异质性。中国互联网发展水平在不同地带之间存在较大的差异，不过这种差异正在缩小，并且出现空间集聚的现象。互联网发展对于区域经济增长的确具有一定的促进作用，但是其总体贡献率有限。除此以外，研究还发现中国中部、东部的经济出现了较显著的俱乐部收敛特征，在对中部、东部地区分别引入互联网变量后，东部收敛性被消除，而中部地区的收敛度加深。还有研究者在研究互联网对于数字经济的作用时选用了该省固定宽带端互联网用户数占该省总人口的比值以及该省移动端互联网用户数占该省总人口的比值这两个指标作为衡量互联网发展程度的指标，研究结果表明指标数值越高，该省份互联网平台建设得越好，用户群体多，数字经济也更加能在该省份获得长足的发展。

通过对学者们已有研究的梳理，本书认为数字经济对于地区经济增长具有越来越深刻的影响，互联网的普及是数字经济发展的前提和基础。互联网普及能增加居民收入，促进经济增长，并存在地区异质性。关于互联网普及会带来地区经济的趋同收敛还是进一步扩大地区间的差异这一问题，不同学者针对不同时间不同研究对象进行研究得出的结论也不尽相同，仍需从数据层面进一步进行研究。

12.3 数据收集和描述性统计

本章数据主要来源于江苏省统计局官网 2003—2021 年《江苏统计年鉴》，包含江苏省 53 个区域 2002—2020 年互联网宽带接入用户数及年末户籍人口数。

本章选用互联网普及率这一指标来衡量江苏各区域经济趋同的质量。互联网普及率反映了一个国家或地区经常使用互联网的人口比例，从而衡量一个国家或地区的信息化发达程度。互联网普及率一般使用互联网用户数占常住人口数的比值来表示。通过中国互联网络信息中心(CNNIC)发布的第45次《中国互联网络发展状况统计报告》及江苏省通信管理局发布的《江苏省互联网发展状况报告》可以查询江苏各地互联网普及率及网民规模，但是统计当年各区域的数据并未在报告中有所体现，时间数据也有缺失。且受疫情影响，电话调查截止时间为2020年3月15日，报告电话调查截止时间为2019年12月底，疫情期间，互联网使用需求大幅上升，数据出现低于实际水平的情况。本章需要分析的是历年江苏53个区域互联网普及率的收敛情况，所以为了保证数据统计标准的一致性以及数据样本量足够大，结合统计年鉴，使用互联网宽带接入用户数与年末户籍人口数的比值来表示互联网普及率。为了方便比较区域间差异，本章使用苏南、苏中、苏北的概念来辅助研究。其中苏南包括南京、苏州、无锡、常州、镇江五个地级市全域，苏中包括扬州、泰州、南通三个地级市全域，苏北包括徐州、连云港、淮安、盐城、宿迁五个地级市全域。

2002年至2020年间，苏南、苏中、苏北地区互联网普及率都呈现出持续性的上升趋势，且普遍在2019—2020年间迎来了一次较快的增长，见图12.1。这与新冠疫情暴发以来，全国人民生活方式的转变息息相关。CNNIC发布的第45次《中国互联网络发展状况统计报告》显示，2020年初，受新冠肺炎疫情影响，居民出行受限，居家办公、居家隔离使得网络使用频率大幅度提升，各大网络应用的用户数都有一定的增加。尤其是在线教育、在线政务等应用的用户规模与2018年底相比出现较大增幅。从数据层面来看，截至2020年初，在线教育用户规模达4.23亿人，较2018年底增长了110.2%；全国实物商品网上零售额同比增长3.0%，实现逆势增长；在线政务用户规模达6.94亿人，较2018年底增长76.3%。以在线教育应用为例，2020年初，全国大中小学校推迟开学，2.65亿名在校生几乎全员开展线上学习。疫情暴发之后，各企业也要求员工进行远程办公，各视频会议、企业应用的使用频率激增。线上教育办公网络应用平台的用户需求在一瞬间得到充分释放，在线教育应用的用户量迎来了爆发式增长。

除了总体趋势一致以外，苏南地区相对于苏中地区和苏北地区来说，保持着更高的互联网普及率，并仍然呈现出快速上涨的态势。分区域来看，苏南地区是江苏经济最发达的区域，也是中国经济最发达、现代化程度最高的区域之一。互联网普及率全省最高，超过全国平均水平。苏南地区互联网普及率均在65%以

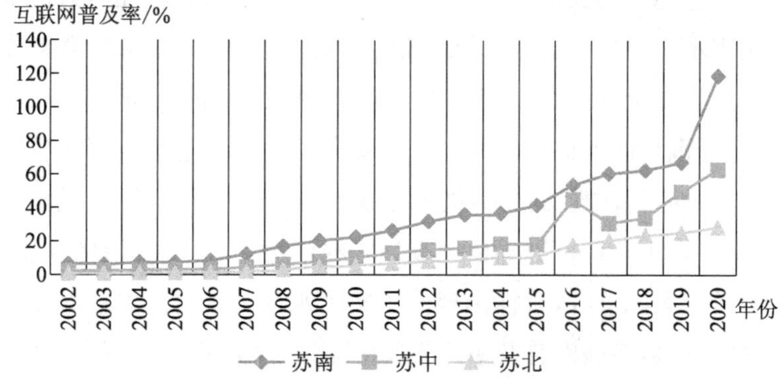

图 12.1　2002—2020 年江苏苏南、苏中、苏北地区互联网普及率走势对比图

上，其中无锡市互联网普及率位居全省第一位。苏中地区互联网普及率近60%。徐州、连云港等苏北地区城市互联网普及率普遍低于60%。从江苏省三个地区的网络接入设备情况对比来看，手机依然是网民的主要接入设备，接入率均高于98%。苏北地区笔记本电脑和平板电脑的使用率较低，苏南和苏中地区的使用率基本一致；相较其他地区，苏南地区台式电脑的使用率较高，苏中地区电视的使用率较高。

12.4　江苏省互联网普及率收敛检验

12.4.1　β 收敛检验

β 收敛包括绝对 β 收敛和条件 β 收敛，条件 β 收敛是在绝对 β 收敛的基础上加入收敛控制变量，两者基本回归方程大体一致。本章采用绝对 β 收敛检验，结果见表 12.1。

表 12.1　江苏省各区域互联网普及率 β 收敛情况

变量	β 值	t 值	P 值
$y\_Internet$	0.002 845 1	0.42	0.677

借鉴 Barro 提出的绝对 β 收敛检验方法估计江苏省各区域互联网普及率的绝对 β 收敛方程。由表 12.1 可知，城乡差距变量 $y\_Internet$ 的估计系数不显

著，说明不存在绝对 β 收敛。表 12.2 列出了江苏省各区域互联网普及率历年变动及增长情况，光从数据层面来看，昆山、太仓、常熟、张家港等区域可能由于统计口径不一致等，数据有一些异常，因为理论上来讲互联网普及率不该超过 1，但是由于本章用互联网接入用户数测定互联网普及率，不同设备终端接入，使得比例可能大于 1。出于严谨考虑，本章将同时保留数据以及去除异常区域数据进行双重检验，防止由于统计数据偏差造成结果产生过大的误导。

表 12.2　江苏省各区域互联网普及率变动及增长情况

区域	2002 年数值	初期排名	2020 年数值	末期排名	增长倍数	排除数据可能异常区域后末期排名
南京(市区)	0.121	1	0.702	11	4.802	3
无锡(市区)	0.109	2	0.719	10	5.600	2
昆山	0.101	3	3.698	1	35.614	.①
苏州(市区)	0.097	4	0.815	9	7.402	1
江阴	0.081	5	0.629	13	6.765	5
太仓	0.066	6	2.620	2	38.700	.
常州(市区)	0.064	7	0.671	12	9.484	4
常熟	0.059	8	2.422	3	40.051	.
张家港	0.056	9	2.414	4	42.107	.
宜兴	0.052	10	0.546	16	9.500	8
镇江(市区)	0.048	11	0.553	15	10.521	7
仪征	0.045	12	0.413	23	8.178	15
扬州(市区)	0.042	13	0.453	20	9.786	12
扬中	0.039	14	0.582	14	13.923	6
南通(市区)	0.033	15	0.448	21	12.576	13
丹阳	0.027	16	0.521	17	18.296	9
溧阳	0.024	17	0.438	22	17.250	14
盐城(市区)	0.019	18	0.334	30	16.579	22
徐州(市区)	0.018	19	0.331	31	17.389	23
高邮	0.018	20	0.355	26	18.722	18
淮安(市区)	0.017	21	0.311	34	17.294	26

续表

区域	2002年数值	初期排名	2020年数值	末期排名	增长倍数	排除数据可能异常区域后末期排名
启东	0.016	22	1.172	6	72.25	.
宝应	0.016	23	0.278	39	16.375	31
海安	0.015	24	1.384	5	91.267	.
兴化	0.014	25	0.278	40	18.857	32
句容	0.014	26	0.478	19	33.143	11
如东	0.013	27	1.144	7	87.000	.
建湖	0.011	28	0.303	35	26.545	27
宿迁(市区)	0.011	29	0.291	36	25.455	28
泗洪	0.010	30	0.257	47	24.700	39
泰州(市区)	0.010	31	0.384	24	37.400	16
射阳	0.010	32	0.274	43	26.400	35
如皋	0.010	33	0.949	8	93.900	.
靖江	0.009	34	0.488	18	53.222	10
响水	0.009	35	0.272	44	29.222	36
连云港(市区)	0.009	36	0.324	32	35.000	24
泗阳	0.008	37	0.278	41	33.750	33
泰兴	0.008	38	0.377	25	46.125	17
东台	0.008	39	0.279	38	33.875	30
阜宁	0.008	40	0.228	52	27.500	44
沭阳	0.008	41	0.255	48	30.875	40
滨海	0.007	42	0.203	53	28.000	45
邳州	0.006	43	0.241	49	39.167	41
涟水	0.005	44	0.342	28	62.400	20
金湖	0.005	45	0.341	29	67.200	21
盱眙	0.005	46	0.343	27	67.600	19
新沂	0.005	47	0.320	33	63.000	25
沛县	0.005	48	0.291	37	57.200	29
丰县	0.004	49	0.270	45	66.500	37

续表

区域	2002 年数值	初期排名	2020 年数值	末期排名	增长倍数	排除数据可能异常区域后末期排名
睢宁	0.003	50	0.260	46	85.667	38
东海	0.003	51	0.275	42	90.667	34
灌南	0.003	52	0.238	50	78.333	42
灌云	0.002	53	0.229	51	113.500	43

注：①这些区域的数据有误，本章进行双重检验。

根据表 12.3，城乡差距变量 *y_Internet* 的估计系数不显著，但是，绝对 β 收敛检验存在其固有缺陷，如果初期落后的地区经历了快速提升的过程，在末期超过了初期领先的地区，并且差距较初期更大，那么 β 收敛并不意味着地区间差距的缩小。通过分析江苏省各区域互联网普及率的历史数据也显示确实存在这种可能。根据表 12.2 列出的江苏省各区域互联网普及率变动及增长情况，我们发现，初期排名第 34 的靖江互联网普及率增长速度相对较快，在末期排名第 10 位（去除数据异常区域后的排名），甚至超过了扬州、南通等区域。

表 12.3　江苏省各区域互联网普及率 β 收敛情况（去除数据异常区域）

变量	β 值	t 值	P 值
y_Internet	0.007 779 8	0.01	0.994

12.4.2　σ 收敛检验

本章采用 σ 变异系数（CV）指标来测度 σ 收敛情况。图 12.2 为江苏省各区域互联网普及率变异系数折线图。

由图 12.2 和图 12.3 可知，在 2002—2019 年间，江苏省各区域的互联网普及率的变异系数呈现持续下降的态势，但是在 2019—2020 年出现了急剧上升。不过，我们不能由此就说明整体是发散不收敛的。正如之前所说明的，由于 2019 年底新冠疫情暴发，数据统计会存在一定程度的偏差，因此 2020 年数据的可靠性是存疑的。而且疫情改变了人们的生活方式，互联网接入量在这一特殊时间段内出现了爆发性的上涨，这对于我们判断整体趋势来说也是具有很强的干扰性的。

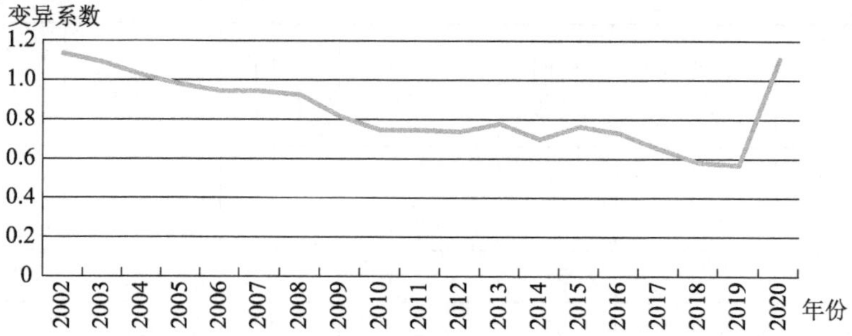

图 12.2　江苏省各区域互联网普及率的 σ 收敛情况

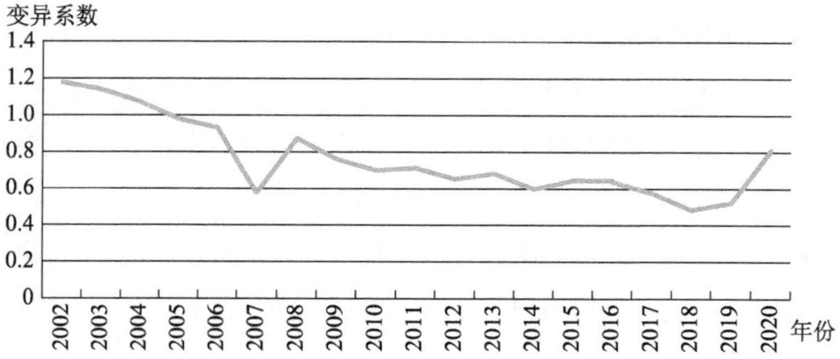

图 12.3　江苏省各区域互联网普及率的 σ 收敛情况(去除数据异常区域)

12.4.3　log t 检验及江苏省各区域互联网普及率的俱乐部收敛情况

不过,无论是 σ 收敛还是 β 收敛,它们本身都存在一些固有问题。比如,对于 σ 检验,当数据的前半段收敛趋势和后半段收敛趋势不一致或者相互冲突时,就无法直观判断总体的收敛趋势。而对于 β 收敛,存在部分区域拥有较快的变动速度,甚至会在末期超过领先区域的情况,由于传统收敛检验方法的缺陷,有必要采用 Phillips 提出的新方法来重新检验江苏省各区域互联网普及率整体收敛与俱乐部收敛情况。

log t 检验的优势之一是可以克服方差自然增长对 σ 收敛结果有效性的影响,因此,在进行回归检验之前,我们将分别采用 Levin 提出的 LLC 检验、Im 等人提出的 IPS 检验以及 Hadri 提出的 Hadri 检验方法对面板数据进行单位根检验,判断江苏省各区域互联网普及率是否平稳。前两种方法的原假设是"所有的面板数据均包含单位根，面板数据不平稳”，而第三种方法的原假设是“不含有单位根，所有的面板数据均平稳”。

我们根据 2002—2020 年的互联网普及率对各区域进行排序，并根据 Phillips 的方法 r 取 0.333，则 $T=6$，即从第 6 年开始进行回归，一共 53 个观测值，并通过 $L=(T)^{1/4}$ 计算出滞后期为 2 以控制回归中的自相关和异方差，考虑到面板数据可能存在时间趋势，我们首先用 pfilter 指令基于 HP 滤波法进行了平滑处理。然后，基于平滑处理后的数据，利用 logtreg 指令检验了总体的收敛情况。当 t 值大于 -1.65 时说明互联网普及率在江苏省区域间趋于收敛，当 t 值小于 -1.65 时说明不存在收敛趋势。

表 12.4 中检验结果表明原数据 LLC 检验方法和 IPS 检验方法无法拒绝面板数据包含单位根的原假设，Hadri 检验则拒绝面板数据不包含单位根的原假设。表 12.5 中检验结果表明去除数据异常的区域后，LLC 检验无法拒绝面板数据包含单位根的原假设，IPS 检验拒绝面板数据包含单位根的原假设，而 Hadri 检验拒绝不存在单位根的原假设。那么，在进行 $\log t$ 检验时有必要加入 $L(t)=\log t$ 来消除方差自然增长的影响。

表 12.4　面板数据单位根检验结果

方法	统计量①	P 值	结论
LLC 检验	14.288 6	1.000 0	有单位根
IPS 检验	20.765 9	1.000 0	有单位根
Hadri 检验	67.515 1	0.000 0	有单位根

注：①LLC 检验的统计量为 t 统计量，IPS 检验、Hadri 检验的统计量为 z 统计量。

表 12.5　面板数据单位根检验结果(去除数据异常区域)

方法	统计量①	P 值	结论
LLC 检验	−0.180 9	0.428 2	有单位根
IPS 检验	−6.392 2	0.000 0	无单位根
Hadri 检验	56.984 3	0.000 0	有单位根

注：①同表 12.4。

$\log t$ 检验结果如表 12.6、表 12.7 所示：

表 12.6　江苏省各区域互联网普及率的总体收敛检验（log *t* 检验）

变量	估计系数	标准误	*t* 值	敛散性判断
log *t*	1.927 0	0.024 4	78.842 6	收敛

表 12.7　江苏省各区域互联网普及率的总体收敛检验（log *t* 检验）（去除数据异常区域）

变量	估计系数	标准误	*t* 值	敛散性判断
log *t*	2.338 8	0.055 1	42.455 7	收敛

由表 12.6 和表 12.7 可知，不管是原数据的检验结果还是去除数据异常区域之后的检验结果，江苏省各区域互联网普及率都存在着总体收敛趋势（*t* 值＞－1.65）。对于互联网普及率呈现收敛趋势的一个可能解释是：尽管江苏各区域经济发展水平和基础设施水平存在差异，但在国家和地方各级政府相关政策的支持下，互联网发展相对落后的地区增长速度更快，最终导致各区域差距缩小。

12.5　研究结论及政策建议

12.5.1　研究结论

1）江苏省各区域互联网普及率整体呈现快速增长的态势

2002—2020 年间，苏南、苏中、苏北地区互联网普及率都呈现出持续上升的趋势。但从数据层面来看，苏南、苏北、苏中地区之间的差距仍然存在。苏南地区的互联网普及率远远超过苏中、苏北地区，这与整体的经济水平相一致。苏南地区成为江苏省互联网普及的超前区，苏北地区暂处滞后区，但总体都保持着较快的增长态势。由于互联网的普及与经济增长具有相关性，经济发展快意味着信息化程度相对较高，信息化基础设施相对较全面。

2）江苏省各区域互联网普及率 log *t* 整体收敛

2002—2020 年间，江苏省各区域的互联网普及率呈 log *t* 整体收敛。这与数字经济的发展息息相关，随着大数据、人工智能、5G 通信等新兴科学技术的快速发展，社会经济发展迎来了数字经济的时代。数字经济带来了全社会生产方式和人们生活方式的变革，互联网的普及既是数字经济发展的一个前提，也是数字经济发展的一个最直观体现。苏南、苏中、苏北地区都采取了一系列措施推动互联网的普及。互联网本身就具有更新快、推广快的特性，使得互联网普及率在各地区得到快速增长并趋同。

3）疫情影响之下，互联网普及率大幅提升

根据描述性统计及 σ 收敛趋势图，2019—2020 年，互联网普及率在江苏省迎来了急剧上涨。这与新冠疫情暴发以来，人们的生活生产方式的转变有关。受新冠肺炎疫情影响，居民出行受限，使用网络进行线上学习、居家办公成为绝大部分人的选择，各网络应用的用户规模迎来了爆发式增长。在线教育、在线办公的需求使得更多的设备接入互联网，体现为互联网普及率数值的大幅度增长。疫情让数字经济大放光彩，也酝酿着产业发展的新机。以人工智能、大数据为代表的新兴技术将为地区经济增长带来新的动力。

12.5.2 政策建议

互联网的普及带动数字经济的发展，有助于实现资源的共享共用，增强行业间的竞争力，提升经济发展效率。互联网经济具有实现时间空间相互转化的功能，能提高生产要素的流动性，进一步合理配置资源。互联网经济同步发展了平台经济，降低了交易成本，进一步提升了经济效益。互联网的普及也使得企业与企业之间得以加快合作进程，企业的规模进一步扩大，推动了产业集聚，带来规模效益。要实现互联网经济社会效益的最大化，还应推动区域间教育、产业等的协同发展，不断推进产业结构的转型升级和坚持对外开放政策，以防互联网对地区就业的异质影响进一步拉大地区间发展的鸿沟。结合江苏省各区域互联网普及率收敛的研究结果，本章提出以下政策建议。

1）完善制度建设，加强市场监管

互联网平台的发展不能一味地盲目发展，需要相关政策、法律的约束。这就需要政府的集中统一领导，需要政策的引导、制度和法律体系的制约和保障，这样互联网经济才能拥有一个健康的市场环境，才能沿着正确的路径发展。对于互联网行业来说，技术更新换代几乎是瞬间的事，而技术的创新往往正是决定竞争力水平的关键，在法制建设方面，国家更加要重视对于技术创新的保护，大力推动创新发展机制的形成，维持市场的正当竞争，加强监管，强调公平公正的竞争氛围。只有这样才能有效地保持新兴产业的活力和创造力，利用互联网自身的优势带动全产业的改型升级，使得国民经济获得长久可持续的发展。

互联网发展的同时也暗含着信息安全、舆论安全等一系列新的安全隐患和损害社会公众利益的潜在因素，政府要做好信息安全方面的监督工作，引导舆论使其符合核心价值观，对违法言论及行为加以严厉打击，维护互联网秩序的稳定。

政府还应重视互联网对国民就业的影响，做好短期应对和长期规划，以充分发挥互联网对就业的创造效应。人力资本、产业结构等经济、社会基础是互联网经济发展的重要保障，政府应因地制宜，根据各地区的特点，制定符合自身发展阶段和特征的发展政策，厚植互联网发展的人力资本、产业结构、制度环境土壤，盲目发展互联网将对就业产生破坏性影响。

2）强化互联网产业化建设，扩大互联网覆盖率

发展互联网产业需要对地区产业结构进行进一步调整，引入、整合互联网资源，加强地区间的资源交流，促使资源合理配置，从而带动地区间的经济协调发展。同时，在这一过程中也要推动生产方式的转变，进一步降低网络资费，拓宽网络覆盖率，使得互联网产业的生产成本得到降低，产业规模进一步扩大。

3）加大扶持力度，加强基础设施建设和增强互联网意识

互联网基础设施建设是提升互联网普及率的前提物质条件，俗语常说"要想富，先修路"，互联网基础设施建设其实就是一个修路的过程，只不过这条"路"是无形的、连接云端与云端的"路"。"修路"自然是离不开资金的扶持，政府财政支出应当向互联网产业适当给予倾斜，为创新型产业的进一步发展提供资金上的保障，这显然会是回报率高，具有长远意义和价值的一项支出。除了政府以外，社会资金流入互联网产业的市场准入门槛应适当降低，使得这部分资金在与互联网经济的融合中迸发出新的生机。

除了要加快构建高速、移动、安全、泛在的新一代信息基础设施、持续对通信基础设施进行完善和升级外，还应积极推动互联网的全民化、普惠化建设，充分发挥互联网对就业质量、劳动力结构和技能结构的改善效应。互联网意识和能力更是重中之重，我们需要转变经济发展思维，积极拥抱互联网时代，用开放包容的心态接受并学习各种新兴知识，利用先进的技术实现更多的可能。随着相关产业的迅速成长，互联网经济对于人才的需求迫切而庞大，我们的教育应该适当向数字化技术人才的培养倾斜，对学科设置进行创新，使之更加适配于这个时代的发展。

4）加强产业融合，推动产业转型升级

随着全球针对互联网企业反垄断调查的不断深入，互联网产业发展正逐渐摆脱以往的发展模式。过去 20 年是互联网企业的“上半场”，社会生活实现数字化。但“下半场”数字化的主旋律将是产业数字化。互联网企业要响应国家号召，发展国家急需的硬科技；企业更要投身产业数字化的蓝海，与传统行业特别是与中国制造业结合。产业间需要加强融合，结合物联网、大数据、云计算、人工智能、机器人技术等，推动产业的转型升级，促进经济的高质量发展，使数字经济在地区经济发展中发挥重要作用。

参考文献

[1] Becker G S, Murphy K M, Tamura R. Human capital, fertility, and economic growth [J]. Journal of Political Economy, 1990, 98(5, Part 2): S12-S37.

[2] Bernard A B, Jones C I. Comparing apples to oranges: Productivity convergence and measurement across industries and countries: Reply[J]. American Economic Review, 2001, 91(4): 1168-1169.

[3] Koopmans T. On the concept of optimal growth, econometric approach to development planning[M]. Amsterdam:North Holland,1965.

[4] Lichtenberg F R. Testing the convergence hypothesis[J]. The Review of Economics and Statistics, 1994, 76(3): 576.

[5] Lucas R E Jr. On the mechanics of economic development[J]. Journal of Monetary Economics, 1988, 22(1): 3-42.

[6] Nelson R R, Phelps E S. Investment in humans, technological diffusion, and economic growth[J]. The American Economic Review, 1966,56(2):69-75.

[7] Phillips P C B, Sul D. Transition modeling and econometric convergence tests[J]. Econometrica, 2007, 75(6): 1771-1855.

[8] Quah D. Galton's fallacy and the convergence hypothesis[J]. Scandinavian Journal of Economics, 1993,95(4):427-443.

[9] Barro R J. Economic growth in a cross section of countries[J]. The Quarterly Journal of Economics, 1991, 106(2): 407-443.

[10] Barro R J, Sala-i-Martin X. Economic growth[M]. Cambridge: The MIT Press,2004.

[11] Romer P M. Increasing returns and long-Run growth[J]. Journal of Political Economy, 1986, 94(5): 1002-1037.

[12] Romer P M. Endogenous technological change[J]. Journal of Political Economy, 1990, 98(5, Part 2): S71-S102.

[13] Solow R M. A contribution to the theory of economic growth[J]. The Quarterly Journal of Economics, 1956, 70(1): 65-94.

[14] Barro R J. Convergence[J]. Journal of Political Economy, 1992, 100(2): 223-251.

[15] Quah D. Galton's fallacy and tests of the convergence hypothesis[J]. The Scandinavian Journal of Economics, 1993, 95(4): 427.

[16] 林毅夫,刘明兴.中国的经济增长收敛与收入分配[J].世界经济,2003,26(8):3-14.

[17] Basel S, Rao R P, Gopakumar K U. Analysis of club convergence for economies: Identification and testing using development indices[J]. Asia-Pacific Journal of Regional Science, 2021, 5(3): 885-908.

[18] Williamson J G. Regional inequality and the process of national development: A description of the patterns[J]. Economic Development and Cultural Change, 1965, 13(4, Part 2): 1-84.

[19] Barro R J. Economic growth in a cross section of countries[J]. The Quarterly Journal of Economics, 1991, 106(2): 407-443.

[20] Phillips P C B, Sul D. Transition modeling and econometric convergence tests[J]. Econometrica, 2007, 75(6): 1771-1855.

[21] 亚当·斯密.国民财富的性质和原因的研究:上卷[M].郭大力,王亚南,译.北京:商务印书馆,1972.

[22] Keynes M. Some economic consequences of a declining population[J]. Population and Development Review, 1978, 4(3): 517.

[23] Levin A, Lin C F, James Chu C S. Unit root tests in panel data: Asymptotic and finite-sample properties[J]. Journal of Econometrics, 2002, 108(1): 1-24.

[24] Harris R D F, Tzavalis E. Inference for unit roots in dynamic panels where the time dimension is fixed[J]. Journal of Econometrics, 1999, 91(2): 201-226.

[25] Im K S, Pesaran M H, Shin Y. Testing for unit roots in heterogeneous panels[J]. Journal of Econometrics, 2003, 115(1): 53-74.

[26] Breitung J. Nonparametric tests for unit roots and cointegration[J]. Journal of Econometrics, 2002, 108(2): 343-363.

[27] Soytas U, Sari R. Energy consumption and GDP: Causality relationship in G-7 countries and emerging markets[J]. Energy Economics, 2003, 25(1): 33-37.

[28] Ghosh S. Electricity consumption and economic growth in India[J]. Energy Policy, 2002, 30(2): 125-129.

[29] 林伯强.电力消费与中国经济增长:基于生产函数的研究[J].管理世界,2003(11):18-27.

[30] Li R, Ma X Q, Lo K L. Electricity consumption-economic growth nexus in China:

Evidence from provincial panel data[C]//2011 IEEE Power and Energy Society General Meeting. July 24-28, 2011, Detroit, MI, USA. IEEE, 2011: 1-8.

[31] Wang W C, Mu H L, Kang X D, et al. Changes in industrial electricity consumption in China from 1998 to 2007[J]. Energy Policy, 2010, 38(7): 3684-3690.

[32] Chen Y, Fang Z. Industrial electricity consumption, human capital investment and economic growth in Chinese cities[J]. Economic Modelling, 2018, 69: 205-219.

[33] 田旭,于晓华,张晓恒.中国粮食生产潜能分析:一个基于"俱乐部收敛"的视点[J].浙江大学学报(人文社会科学版),2016,46(5):112-128.

[34] Du K R. Econometric convergence test and club clustering using stata[J]. The Stata Journal: Promoting Communications on Statistics and Stata, 2017, 17(4): 882-900.

[35] Romer P M. The origins of endogenous growth[J]. Journal of Economic Perspectives, 1994, 8(1): 3-22.